BIBLIOTHÈQUE D'ÉTUDES RELIGIEUSES

F. LEENHARDT

DOCTEUR ÈS SCIENCES, DOCTEUR EN THÉOLOGIE

# L'ÉVOLUTION DOCTRINE DE LIBERTÉ

FOYER SOLIDARISTE

SAINT-BLAISE ET ROUBAIX

1910

L'ÉVOLUTION : DOCTRINE DE LIBERTÉ

La *Bibliothèque d'études religieuses* a pour but de donner au public que cet ordre de questions préoccupe, mais qui n'a pas le temps d'aller aux sources, le moyen de se faire une opinion personnelle sur les problèmes fondamentaux de l'histoire et de la pensée religieuses.

Cette tentative est étrangère aux préoccupations confessionnelles, mais elle s'inspire très nettement des principes de foi religieuse et de liberté scientifique qui sont la raison d'être du protestantisme.

Le Comité qui organise cette publication est composé de MM. Eugène de FAYE, professeur à l'Ecole des Hautes-Etudes, à Paris; Charles MERCIER, professeur à la Maison des Missions de Paris; Jean MONNIER, professeur à la Faculté de Théologie de Paris; Henri MONNIER, pasteur de l'Eglise Réformée de Paris, et de MM. Pierre BOVET, professeur à la Faculté des Lettres de Neuchâtel et René GUISAN, directeur de l'Ecole Vinet à Lausanne.

VOLUMES PUBLIÉS :

Ch. MERCIER. *Les prophètes d'Israël* . . . . . . 1.60
Eugène DE FAYE. *Saint Paul. Problèmes de la vie chrétienne.* . . . . . . . . . . . . . . . . . . 1.60
Henri MONNIER. *Qu'est-ce que la Bible ?* . . . . . 1.60
Ch. BASTIDE. *L'Anglicanisme* . . . . . . . . . . 2.—
F. LEENHARDT. *L'évolution : doctrine de liberté.* . . 2.—

EN PRÉPARATION :

N. SŒDERBLOM. *Les Religions.*

---

HENRY DRUMMOND

**L'ÉVOLUTION DE L'HOMME**

Traduit par JOHN JAQUES
Préface de F. LEENHARDT

Un vol. in-8, XII + 325 pages . . . . . . . . . . . . 3.50

BIBLIOTHÈQUE D'ÉTUDES RELIGIEUSES

F. LEENHARDT

DOCTEUR ÈS SCIENCES, DOCTEUR EN THÉOLOGIE

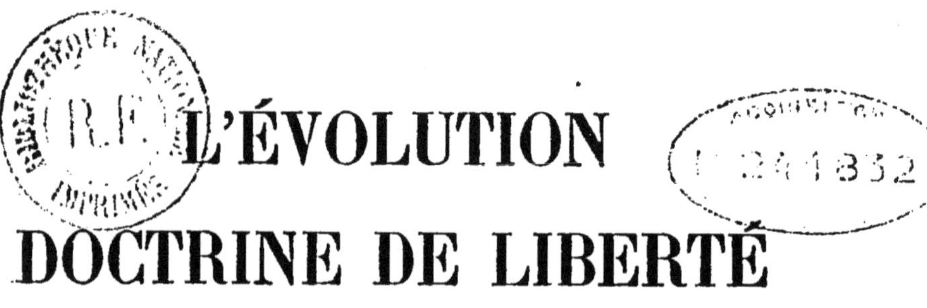

# L'ÉVOLUTION DOCTRINE DE LIBERTÉ

FOYER SOLIDARISTE

SAINT-BLAISE ET ROUBAIX

1910

# L'ÉVOLUTION : DOCTRINE DE LIBERTÉ

## AVANT-PROPOS

Ces pages n'ont d'autre prétention que de mettre sous les yeux de ceux que préoccupe le problème de l'évolution, un aperçu des résultats du travail qui s'est fait très naturellement chez un contemporain pour conserver l'unité de sa pensée sans rien sacrifier ni des sciences qu'il cultivait, ni des données morales dont il vivait.

Ils y verront comment on peut se représenter les origines à la lumière des données actuelles des sciences d'observation et en conformité avec les postulats de la responsabilité morale.

De tels essais ne doivent pas faire illusion sur notre savoir; ils doivent plutôt faire ressortir notre ignorance; celle-ci reste incommensurable, mais ce n'est pas une raison pour mépriser les vacillantes clartés que nos connaissances actuelles peuvent projeter sur les problèmes qui ont toujours préoccupé l'esprit humain.

On pourrait même dire que ces tentatives, quelque insuffisantes qu'elles puissent être encore, sont un devoir de l'heure présente ; elles ont pour nous la valeur qu'avaient pour ceux qui nous ont précédés les conceptions des origines conformes aux connaissances de leur époque. Telle de ces conceptions, par ses accointances religieuses, a exercé une action incalculable et qui se fait sentir encore aujourd'hui.

En pareille matière, il importe avant tout de se garder des rêveries et de se tenir ferme sur le terrain des hypothèses proprement dites, celles qui ont des bases positives pour point de départ et pour justification. Mes confrères, savants ou philosophes, voudront bien me pardonner l'allure simple et libre donnée néanmoins à cet exposé.

Une première partie traitera de l'idée d'évolution telle qu'elle me paraît se dégager de plus en plus du développement des sciences biologiques ; dans une seconde partie, cette idée trouvera une justification indirecte par son application à l'humanité.

Fonfroide-le-Haut, juin 1909.

# PREMIÈRE PARTIE

# L'ÉVOLUTION NATURELLE

L'évolution naturelle : doctrine de liberté !

Cette apposition n'est point une gageure, comme seront tentés de le croire ceux auxquels le mot évolution semble, non sans quelque raison, synonyme de nécessité et de matérialisme.

Non, ce titre exprime bien plutôt la conclusion à laquelle me conduit de plus en plus une étude sérieuse des transformations que les faits font subir à une doctrine que des compromissions philosophiques avaient jusqu'ici fortement marquée d'un sceau de fatalisme.

Nouvel et remarquable exemple d'une idée plus ou moins définie philosophiquement qui a été imposée à la nature, alors que ce n'est que dans l'étude patiente de celle-ci qu'il faut chercher à préciser le sens exact à donner au terme par lequel on veut désigner un fait de nature.

Ce n'est que dans les sciences abstraites, on l'oublie facilement, qu'on peut définir les termes comme on veut, il suffit de dire le sens qu'on leur donne ; dans les sciences qui ont la nature pour objet, il n'en est plus de même.

La définition ne peut plus y exprimer, comme dans les premières, une idée ou une relation parfaitement déterminée par sa définition même. Quand je dis qu'un nombre pair est un nombre divisible par deux, aucune découverte, aucune expérience au monde ne peut modifier cette définition, elle reste invariable. Lorsqu'au contraire, il s'agit de faits de nature, la définition dépend de la connaissance de la chose à définir, et celle-ci ne pouvant être connue *a priori*, la définition complète, se trouve reportée au terme de la connaissance. Tout essai de définition sera relatif à ce qu'on croit connaître de la chose à définir ; on ne saurait définir ce qu'on ignore. C'est dire que les définitions des faits de nature vont se modifiant sans cesse avec les progrès de l'observation, et que ce n'est que par une étude patiente et complète des faits à définir, qu'on pourra arriver à la définition vraie des vocables dans lesquels nous résumons notre connaissance des choses naturelles.

C'est le cas pour le mot évolution. L'étude des phénomènes que ce terme doit désigner, tend à éliminer successivement tout ce que l'*a priori* philosophique ou l'ignorance y avait introduit de notions erronées. En ce qui concerne en particulier la tendance fataliste dont l'évolution paraissait être l'expression la plus parfaite dans la nature, l'étude des phénomènes compris dans ce terme ménage des surprises singulières à ceux qui croyaient avoir avec elle réduit au silence les fervents de la liberté.

Examinons rapidement cette évolution de l'évolution.

---

## CHAPITRE PREMIER

# ÉVOLUTION EMBRYOGÉNIQUE

Etymologiquement, le mot évolution signifie action de dérouler, de *evolvere*, dérouler, verbe dont les Latins se servaient pour désigner le déroulement des parchemins sur lesquels ils écrivaient leurs ouvrages. Cicéron dit : *evolutio poetarum* pour : la lecture des poètes.

De là l'idée générale de déploiement qui a fait appliquer le mot évolution aux mouvements d'une troupe. C'est comme terme militaire que ce mot a été d'abord employé en français. Puis on a passé du mouvement d'une troupe au mouvement d'un corps quelconque, d'une société, d'un système, etc. Ce passage s'est opéré par l'intermédiaire d'une théorie scientifique qui a transformé l'idée étymologique et lui a donné un sens nouveau et très spécial.

Au XVII^me^ siècle, en effet, nous trouvons le terme évolution employé pour désigner une théorie d'après laquelle les êtres existent tout préformés dans l'embryon, en sorte que leur développement embryonnaire se réduit à un déroulement d'organes préexistants. Le bourgeon qui s'épanouit en feuilles et en fleurs fournit une image assez exacte de la manière dont on se représentait le développement de l'œuf.

Cette conception dut disparaître devant l'évidence des faits qui nous mettent en présence d'une formation successive d'organes. au lieu d'un déroulement d'organes préexistants ; mais le mot évolution est resté avec le sens nouveau que lui a imprimé ce premier contact avec la nature. Il désignera dès lors non seulement l'action proprement dite de sortir en se déroulant [1], mais encore l'idée plus générale de processus de dedans en dehors, de devenir tiré de quelque chose de donné, de développement hors de soi ; propre des organismes qui se développent mais ne sont pas développés. C'est ce caractère spécial des organismes que le mot évolution exprimera désormais ; il devient synonyme de développement par soi hors de soi.

On a pu dans la suite introduire sous ce vocable bien des notions diverses et même contradictoires, à mesure qu'on l'appliquait à des domaines nouveaux et qu'on le généralisait jusqu'à en faire l'expression d'un système de philosophie ; mais son vrai sens, c'est-à-dire la chose à laquelle il correspond et qu'il doit exprimer toujours plus exactement, est déterminé

[1] Le *Dictionnaire de l'Académie* ne connaît encore que ce sens en 1879.

par l'idée du développement embryonnaire, phénomène qui est et restera longtemps encore pour nous le type le plus accessible à l'observation et à l'expérience du genre de développement par soi hors de soi, désigné par le mot d'évolution.

Nous venons de voir qu'à l'origine ce terme s'appliquait à l'idée d'un déploiement dont l'éclosion d'un bourgeon fournit la meilleure image ; ce qui paraît, ce qui sort, c'est ce qui était préformé ; tout était achevé dès la création, et l'emboîtement des êtres comme leur déploiement dans le développement embryonnaire ne laissait aucune place ni à l'imprévu, ni à l'inédit. Evolution était donc aussi synonyme de développement nécessaire ; ce qu'elle faisait apparaître existait déjà sous une forme masquée par sa petitesse ; il n'y avait à proprement parler rien de nouveau, tout était donné. Si le poussin sortait de l'œuf, c'est que le poussin était dans l'œuf comme poussin minuscule.

La question se compliqua lorsque l'étude plus précise du développement embryonnaire eut montré que c'est par formation successive et directe des matériaux, par arrangement de ces matériaux en tissus et de ceux-ci en organes, que l'être se construit de toutes pièces sous l'œil de l'observateur. A la préformation et au déploiement d'organes préexistants qu'avec un peu de bonne volonté on croit pouvoir se représenter, il fallait maintenant envisager cette chose merveilleuse d'une genèse directe de tissus, d'organes et de l'être tout entier. L'idée d'un développement d'organes préexistants fit place à celle d'une loi de développement ; idée erronée puisqu'une loi n'est jamais une cause, mais qui marquait que l'idée d'évolution avait passé du mode passif au mode actif. Si le poussin était encore dans l'œuf, puisqu'il en sortait, il ne pouvait y être que sous une forme qui défie l'imagination. L'œuf semblait renfermer une puissance organisatrice, une *vis insita* [1] capable de reproduire l'être dont elle procédait; l'évolution devenait une puissance de reproduction, de répétition, sans que le caractère de nécessité impliqué jusqu'alors dans ce mot en fût modifié.

Il n'en fut plus de même lorsque l'étude des monstres vint, en apportant une éclatante confirmation à la théorie de l'épigénèse, nous mettre en présence d'un fait d'une haute portée philosophique.

De tous temps l'imagination des hommes a été frappée par l'apparition chez les plantes, les animaux et l'homme d'êtres anormaux, informes, monstrueux. On a vu dans ces monstres tantôt l'œuvre du diable que se plaisait à effrayer les hommes ou à jouer un mauvais tour au bon Dieu, tantôt une objection terrible contre la bonté ou la puissance du Créateur, puisqu'avec la théorie de la préexistence, il fallait attribuer au Créateur la préformation de ces êtres dès

[1] Ici et dans la suite, j'emploie cette expression sans aucune arrière-pensée philosophique, comme une simple image intellectuelle.

la création. Ou le diable, ou Dieu ! Dans les deux cas la position était critique.

Or voici que l'étude de ces monstres fait voir que leur formation est régie par des lois normales, si normales qu'aujourd'hui nous produisons des monstres en faisant simplement varier les conditions dans lesquelles se fait le développement de l'œuf.

Si l'être ainsi obtenu artificiellement par le jeu de lois tout aussi normales que celles qui produisent les poussins de nos basses-cours, n'est ordinairement pas viable [1], c'est précisément parce qu'adapté à des conditions artificielles, c'est-à-dire qui ne sont pas celles dans lesquelles il était appelé à se développer et à vivre aujourd'hui, il a été mis en dehors de l'harmonie naturelle des choses, il est un monstre pour la nature dans laquelle il serait appelé à vivre ; il doit disparaître. Mais au point de vue philosophique, il reste la preuve d'une activité évolutive en fonction sous nos yeux, activité évolutive capable de s'adapter aux conditions nouvelles qui lui sont artificiellement ou accidentellement imposées, et de créer ainsi des organismes inédits, de faire en un mot du nouveau, déterminé il est vrai par certaines conditions précises, mais qui cependant brise la ligne de la reproduction *ne varietur* du type dont elle procède.

[1] Je ne parle que de ceux qui peuvent venir à bien, non de ceux que des développements contradictoires condamnent par cela même à la mort.

Dans les monstres, la *vis insita* impliquée dans le développement embryonnaire révèle une certaine activité *propre*[1]. Conclusion troublante, mais qui s'impose au contact des faits ; première atteinte portée au caractère de nécessité qui s'attachait tout d'abord à l'idée d'évolution. De logique cette nécessité devient organique, c'est-à-dire passe de l'absolu au relatif.

Quelles que soient les hypothèses que ces faits peuvent suggérer au métaphysicien, continuons notre investigation et voyons ce que l'observation peut encore nous apprendre sur la manière dont il faut entendre l'idée d'évolution déterminée par le développement embryonnaire.

D'un manière générale la *vis insita* de ce développement est une force de répétition, elle reproduit tel quel l'être dont elle procède ; seulement elle ne le reproduit pas d'emblée, elle le fait arriver à son état définitif par une série plus ou moins longue de transformations complexes ; étrange procédé dont la facture comme la succession soulèvent plus d'un problème. Parmi ceux-ci, il en est un qui a attiré de bonne heure l'attention des naturalistes. Il naît du rapport qu'ils ont observé entre ces formes successives par lesquel-

[1] Que ces phénomènes puissent être ramenés à des phénomènes chimiques ou mécaniques, c'est ce qui ne doit pas faire l'ombre d'un doute; mais l'enchaînement nouveau dans lequel ils se présentent ici, révèle quelque chose que nous appelons, faute de mieux, et par anthropomorphisme, une activité propre; cette dernière expression prise dans le sens où nous employons le mot adaptation par exemple, ou tel autre, sans aucune arrière-pensée d'entité, comme simple explication anthropomorphique d'une loi considérée dans le sens actif.

les passe l'embryon et celles que présente le groupe zoologique auquel appartient le type considéré. Les jeunes crustacés par exemple traversent dans leur vie embryonnaire une série d'étapes où ils rappellent, quelquefois à s'y méprendre, les différentes formes qui constituent la classe des crustacés. Il en est de même pour ces dernières qui rappellent dans leur hiérarchie zoologique les différentes phases d'apparition et de succession de cette même classe pendant la durée des temps géologiques.

Ce parallélisme des trois séries embryologique, zoologique et paléontologique, très frappant pour certaines classes d'animaux, avait porté les naturalistes à conclure que chaque être en son développement embryonnaire individuel reproduisait plus ou moins nettement les étapes par lesquelles ses ancêtres avaient passé pour arriver aux formes actuelles. C'était un phénomène analogue à celui que nous constatons tous les jours et qui fait revivre en quelque sorte l'enfance de l'humanité dans l'enfance de chaque homme, phénomène que le mot enfance employé dans les deux cas, précise suffisamment.

Cette hypothèse a reçu d'éclatantes confirmations, elle est devenue l'idée centrale de certains systèmes de philosophie naturelle, et même une méthode généalogique ; Hæckel en a fait sa « loi biogénétique fondamentale » ; mais comme il arrive toujours lorsqu'on s'est trop hâté de généraliser, le progrès des études biologiques en a singulièrement modifié la formule première et en a rendu les applications beaucoup plus difficiles, délicates et extraordinairement complexes, souvent même impossibles et contradictoires.

Peu nous importent d'ailleurs ces difficultés, si la portée philosophique du fait reste entière dans la donnée toute générale d'un rapport aussi lointain, aussi effacé et complexe qu'on voudra, mais d'un rapport évident entre l'embryogénie et l'histoire des êtres ou phylogénie [1]. Ne peut-on pas en conclure que la *vis insita* du développement embryonnaire actuel est, en tant que force de répétition, comme une réminiscence plus ou moins obscure des phases de la formation originaire de chaque type, fixée en quelque sorte dans la loi de reproduction de chaque espèce ? Si on tient compte, en outre, de ce que nous avons rappelé à propos de la formation des monstres, ne peut-on pas aller plus loin et ajouter que la *vis insita* est non seulement une force de répétition, mais comme un reste, un résidu de la cause, quelle qu'elle ait été, qui a produit la succession des formes animales dans le passé, ou, si l'on veut, qui a produit la succession des complications survenues au cours des âges dans les processus ontogéniques.

Je viens de dire que les faits mieux étudiés ont singulièrement modifié les hypothèses qu'on avait échafaudées sur les premiers aperçus des rapports de l'embryogénie et de la phylogénie. Or il se trouve que

[1] La phylogénie n'est au fond, que l'ontogénie considérée dans son développement historique; il n'est donc pas étonnant que celle-ci rappelle celle-là.

ces modifications mêmes nous ont apporté de nouveaux éléments pour la détermination plus exacte de la manière dont il faut comprendre l'idée d'évolution.

En gros, l'évolution embryonnaire apparaissait comme une répétition, mais voici qu'à l'observation comparée cette répétition, au lieu de se montrer pour chaque type avec des caractères stéréotypés, laissait entrevoir qu'elle aussi avait une histoire avec ses vicissitudes et ses accidents. Les embryons de certaines formes animales présentaient, en effet, des traces évidentes de changements survenus après coup dans l'ordre et le mode des transformations par lesquelles ils avaient passé.

Dès les premières phases du développement embryonnaire on constatait, par exemple, chez tous les embryons des vertébrés des traits dont l'étude ramenait invinciblement l'esprit à y voir quelque chose d'analogue aux organes rudimentaires [1]. On appelle ainsi des organes insuffisamment développés pour remplir la fonction à laquelle ils correspondent par leur structure et leur position, et qui non seulement sont inutiles à leur possesseur, mais peuvent même lui être nuisibles. Ces organes sont nombreux chez tous les êtres, plantes, animaux, homme. Chez ce dernier un exemple bien connu est celui de l'appendice qui a donné son nom à l'appendicite.

Ces organes inutiles ou nuisibles ont une valeur taxonomique et philosophique considérable ; leur pré-

[1] Par exemple : la ligne primitive, les arcs branchiaux, etc.

sence ne peut s'expliquer que comme le résultat d'une atrophie poursuivie dans une lignée de descendants. On ne saurait mieux faire comprendre la nature et l'origine de ces organes qu'en les comparant au phénomène du même genre que nous observons soit dans l'orthographe, soit dans les usages. L'accent circonflexe, par exemple, apparaît comme un organe rudimentaire dans les mots où il remplace une lettre disparue comme dans Nîmes pour Nismes, de *Nemansus*, aujourd'hui l'accent lui-même est en voie de disparition. L'épée que portent nos préfets est un organe rudimentaire, réminiscence du temps où les chefs étaient avant tout militaires ; le Président de la République, qui n'a pas d'ancêtres, n'en est pas affublé.

Si les organes rudimentaires des êtres adultes ne peuvent être considérés que comme une réminiscence ou un témoin du passé, il ne peut en être autrement chez les embryons. Leur étude nous met donc sur la voie des changements survenus au cours des phases embryonnaires antécédentes, et nous impose la conclusion que l'ordre que nous voyons présider aujourd'hui au développement de tel embryon, n'est pas primitif, mais secondaire et dérivé ; en un mot que ce développement a une histoire dans laquelle divers facteurs sont intervenus pour en modifier le cours. Parmi ces facteurs nous en connaissons déjà trois ; la *vis insita* répétitrice, le reste d'activité propre que la formation des monstres révèle dans cette *vis insita*, et enfin l'action des conditions diverses dans lesquelles l'embryon peut être appelé à se développer et qui provoque la mise en branle de cette activité propre de la *vis insita* et par là entraîne des modifications dans le développement embryonnaire normal. On sait que l'action de ce dernier facteur peut aller jusqu'à provoquer la production artificielle d'embryons [1].

Voici une autre observation qui vient confirmer ces conclusions. Chez les animaux supérieurs le développement embryonnaire se passe tout entier dans le sein maternel, mais chez les animaux inférieurs qui forment du reste la grande masse du règne animal, il se fait dans les conditions les plus variées. D'une manière générale, on peut y distinguer deux types de développement, le premier où l'évolution embryonnaire s'accomplit en tout ou en grande partie dans l'œuf ou dans le corps du parent, et où l'animal éclôt sous une forme très semblable à celle de l'adulte; le second où le développement se fait en dehors de l'œuf. De celui-ci s'échappe de très bonne heure une larve, le plus souvent d'une forme très différente de celle du parent, et qui mène une vie indépendante pendant laquelle elle subit une série de transformations graduelles ou de métamorphoses plus ou moins profondes pour atteindre la forme adulte. Cette vie indépendante entraîne pour certains l'acquisition d'organes divers qui leur

[1] Les expériences en cours sur le développement parthénogénétique sont du plus haut intérêt et permettront peut être un jour de mieux préciser ce qui revient au facteur physico-chimique et ce qui reste l'$x$ de la *vis insita*, c'est-à-dire ce qui constitue l'*état initial* qui nous est donné et en dehors duquel aucun facteur ne développe rien.

donnent l'apparence d'êtres achevés, si bien que de grands naturalistes avaient classé certains d'entre eux comme espèces spéciales. Ces deux formes de développement peuvent se présenter dans un même groupe zoologique, en sorte que par leur comparaison on a pu se rendre compte des modifications que telle condition entraînait pour le développement embryonnaire. Ces observations établissent que parmi les causes susceptibles de modifier la formule même du développement embryonnaire, le genre de vie de l'embryon est une des plus importantes ; il peut aller jusqu'à rendre cette formule entièrement méconnaissable. C'est un phénomène identique à celui que nous avons vu se produire dans la formation des monstres, seulement ici il y a modification par adaptation aux conditions normales dans lesquelles l'être est appelé à vivre, et au lieu d'un monstre, il se produit une forme nouvelle, transitoire, il est vrai, parce qu'elle est dominée par une loi supérieure, mais qui suffit à nous montrer les ressources que renferme la *vis insita* de l'évolution embryonnaire.

Nous serons appelés à revenir plus loin sur ces faits. Pour le moment si nous résumons les diverses étapes par lesquelles a passé le type le plus directement accessible à l'observation des phénomènes naturels qu'on désigne par le mot évolution, nous voyons ce terme appliqué tout d'abord au déroulement d'un être préformé, puis au déploiement d'un plan préétabli dont les éléments matériels se constituent à mesure ;

ensuite à la réalisation d'un plan en partie subordonné aux conditions dans lesquelles il se réalise ; enfin à un développement organique qui porte les traces non équivoques des modifications subies aux cours des âges.

Ce qui se déroule sous nos yeux est donc la résultante très complexe d'actions et de réactions très diverses, entre un ordre donné, les accidents survenus au cours de la vie des ancêtres et le genre de vie des embryons de ces derniers, à quelque cause que ce genre de vie doive être attribué.

L'évolution dans son domaine propre, apparaît donc comme une notion beaucoup moins simple qu'on ne l'avait supposé au début, et dont le caractère fataliste va s'atténuant à mesure que se multiplient les observations. A l'idée première d'un déroulement de ce qui préexistait, sous quelque forme qu'on le suppose, il faut ajouter celle de modifications possibles au cours même de ce déroulement et qui peuvent le transformer profondément. La *vis insita* dans laquelle nous avions résumé la cause de ces phénomènes est un agent de répétition, mais aussi d'initiative sous certaines conditions ; elle correspondrait en langage métaphysique à l'idée d'une puissance de possibles, fonction des conditions dans lesquelles elle s'est réalisée jusqu'ici et dans lesquelles elle se réalise à chaque moment.

---

## CHAPITRE II

# ÉVOLUTION PSEUDO-PHILOSOPHIQUE

Dès son apparition, déjà au XVII$^{me}$ siècle, avec Bonnet, l'idée d'évolution a été l'objet de tentatives de généralisation. Comme il fallait le prévoir, les compromissions philosophiques ne manquèrent pas aux premiers essais de généralisation de l'idée d'évolution naturelle. Chaque fois qu'un fait important ou une idée nouvelle sont introduits dans le domaine public, le passé pèse sur eux et les enserre longtemps de ses formes inadéquates. Voyez la Réformation travaillant encore à se dégager de la philosophie gréco-scolastique; la République, des lois de la monarchie; la Libre pensée, de l'esprit de Rome. L'état mental d'une génération se défend longtemps contre les nouveautés qui le dérangent[1].

Sous des influences philosophiques diverses, l'évolution considérée comme expression d'une formule

[1] Le terme évolution ne figure pas encore dans le *Dictionnaire des Sciences philosophiques* de Franck, édit. 1885.

générale applicable à l'ensemble de la nature, a revêtu deux formes, le plus souvent confondues, mais qu'il est cependant utile de distinguer. La première est une forme philosophique à prétention scientifique, la pure nécessité y règne. Etablie *a priori* d'abord, puis fortement étayée par le courant de mécanisme provoqué par la découverte de l'équivalent mécanique de la chaleur et par toutes les conséquences que cette remarquable découverte a entraînées ; cette première forme a trouvé sa philosophie dans l'œuvre de Herbert Spencer, plus ou moins bien interprétée.

La seconde est une forme scientifique à prétention philosophique. Sur le fond à prioristique de la première sont venus se greffer des éléments nouveaux, empruntés directement à l'observation de la nature, pour constituer des systèmes de philosophie naturelle évolutionistes. Ils avaient sur les précédents l'avantage de faire appel à des faits précis, par conséquent soumis au contrôle incessant de l'observation et de l'expérience scientifiques. Ces systèmes étaient dès lors susceptibles d'une discussion concrète qui devait plus ou moins rapidement contribuer à dégager la notion naturelle qu'ils étaient censés traduire, des idées *a priori* qui leur venaient de la philosophie.

C'est la phase dans laquelle nous sommes plus particulièrement engagés aujourd'hui. La détermination théorique (évolution au sens philosophique) du fait naturel est obligée de tenir de plus en plus compte des éléments de la connaissance de ce fait obtenu par l'observation (théorie de la descendance ou du transformisme); le mot évolution tend ainsi à passer insensiblement d'une définition abstraite à une définition scientifique, c'est-à-dire à exprimer une idée moins inadéquate à la réalité, à devenir susceptible d'une définition *a posteriori*, ce qui est le propre et la vérité de la définition des choses de la nature.

Mais avant d'en arriver à la phase actuelle, il a fallu voir la donnée philosophique[1] imposer ses solutions à l'observation, et, après avoir çà et là trouvé des confirmations dans tels et tels faits, nous être proposée comme le dernier mot de la science et bénéficier de l'autorité de cette dernière auprès de toute une génération. C'est le jeu singulier auquel nous avons assisté pendant un demi-siècle et qui a produit les systèmes où on montre l'Evolution conduisant du protoplasma à l'homme, de la monère au naturaliste allemand Hæckel dont l'ouvrage *La Création naturelle* marque une date dans cette histoire.

Pendant longtemps le succès a dépassé toute prévision, puisque la vogue de ces systèmes a été grande, aussi grande que leur insuffisance est évidente aujourd'hui. Sans entrer dans cette démonstration, remarquez cependant que ces systèmes, malgré leur prétention scientifique, s'étaient mis dès l'abord en contradiction avec un des traits saillants de l'évolution embryogénique, aussi saillant à coup sûr que

[1] Directement ou indirectement, elle remonte à Leibniz, et se résume dans les idées de continuité, de nécessité et de progrès.

le caractère fataliste qu'elle avait revêtu au début.

L'évolution embryogénique, en effet, a toujours un point de départ et un point d'arrivée, elle ne peut être séparée de l'idée de germe ; et ce n'est pas d'un germe quelconque que naît un être donné, mais d'un germe spécialisé ; ce que nous avons dit du rôle prépondérant des réminiscences ancestrales implique même une spécialisation très étroite de ce germe, spécialisation qui exclut toute idée de force évolutive abstraite. La *vis insita* de l'évolution embryogénique apparaît comme indéfiniment morcelée et spécialisée, rien qui rappelle même de loin l'idée de force transformatrice générale et indéfinie qui constitue le fond de ces systèmes.

Si on veut généraliser l'idée d'évolution telle qu'elle nous est donnée par l'embryogénie, sans être infidèle à la méthode scientifique, il faut commencer par dire ce dont cette évolution généralisée est la répétition ou la réminiscence ; la puissance d'évolution n'est, dans le concret de l'évolution embryogénique, que la force de reproduction de l'acte ; quand on parle évolution, il faut dire ce qui évolue et par le point d'arrivée déterminer ce qu'il y avait au point de départ. Lorsqu'on ne le fait pas, et pour cause, c'est qu'on sous-entend que ce qui évolue c'est l'Etre lui-même, de quelque nom qu'on le nomme, Dieu, esprit, force, matière, énergie, air ou feu.

Il n'y a là rien de nouveau sous le soleil, sinon une réapparition de l'idée générale *a priori* qui s'épanouissait déjà dans les systèmes d'Héraclite et d'Empédocle, et dont Renouvier a, dans son *Esquisse*, retracé les retours offensifs dans la philosophie. C'est là peut-être, autant que leurs prétentions scientifiques, ce qui explique le succès des systèmes évolutifs. Seulement ces diverses formes de panthéisme n'ont rien à faire avec une notion dont l'origine naturelle ne peut être effacée, malgré le change que peuvent donner les mots. Le terme évolution, si on ne le détourne pas de son sens *naturel* par des compromissions philosophiques qui le font synonyme de devenir éternel, implique, à ne considérer encore que l'évolution embryogénique comme type, un créateur de ce qui se déroule ; et si, dans l'évolution généralisée, ce qui évolue aboutit à l'esprit, il faut dire ce qu'était cet esprit avant qu'il se reproduisît par cette évolution même, c'est-à-dire ce qu'il était en acte avant d'être en puissance.

---

CHAPITRE III

# ÉVOLUTION PHYLOGÉNIQUE

Laissons ces systèmes tombés maintenant dans le domaine de l'histoire. Ce qui nous importe, c'est la manière dont les faits à nous actuellement connus permettent de déterminer l'idée d'évolution lorsqu'on cherche à y voir un procédé créateur de la nature.

Les faits qui peuvent nous éclairer, il est naturel d'aller les chercher dans le milieu qui est en propre celui de l'évolution. Nous avons vu, en effet, que ce mot désigne tout d'abord le procédé de formation caractéristique des organismes, soulignant un développement de dedans en dehors. Au delà de la vie individuelle, il s'appliquera donc tout naturellement à l'ensemble des vivants. Interrogeons dès lors les sciences qui s'occupent du développement de la vie en général et demandons à la biologie et à la paléontologie comment elles déterminent l'idée d'évolution.

Une question préalable se pose : avons-nous le droit

de passer du développement d'un poussin au développement du règne animal tout entier, de l'évolution embryogénique à l'évolution phylogénique? Dans l'être individuel nous observons une série continue d'étapes qui forment la vie de l'individu de son origine à sa mort; dans le règne animal, pour ne parler que de lui, nous trouvons au contraire des groupes plus ou moins séparés qui font apparaître le règne animal comme un tout essentiellement discontinu.

Cette objection est très forte lorsqu'on ne considère que la nature actuelle et qu'on croit, avec les notions traditionnelles, que les espèces qui la composent ont été créées telles quelles à l'origine; mais elle perd sa raison d'être dans la mesure où la paléontologie d'un côté et la biologie de l'autre montrent que la nature actuelle n'est que l'aboutissement d'une longue succession de formes, et que les espèces ne sont pas séparées par d'aussi infranchissables abîmes qu'on s'était plu à le dire. Si la question de l'origine des espèces soulève encore un problème du plus haut intérêt, la séparation des espèces actuelles ne sert plus d'argument sérieux pour condamner toute tentative de voir une évolution dans la formation de la nature.

La discussion souvent très vive, toujours très intéressante, qui s'est élevée autour de cette question de l'origine des espèces, a donné lieu à un phénomène singulier et qui met en évidence combien d'*a priori* plus ou moins inconscients étaient engagés dans le débat. On remarquait, en effet, que les partisans de la séparation des espèces étaient aussi les adversaires de la génération spontanée, tandis que ceux qui défendaient la parenté des espèces étaient au contraire le plus souvent favorables à cette forme de génération. Personne ne paraissait s'apercevoir, tant les préjugés aveuglent les plus clairvoyants, que la génération spontanée actuelle rendait difficile et en tout cas inutile pour les uns l'affirmation de la continuité des formes spécifiques, sans laquelle il ne peut être question d'évolution phylogénique ; tandis que les autres violaient, en faveur d'une naissance sans parents, la loi de la vie d'après laquelle la vie procède toujours de la vie. Il est vrai que ces derniers décoraient cette naissance sans parents du nom de création, comme si, tout *a priori* philosophique à part, il ne s'agissait pas, en l'espèce, d'un même phénomène exprimé seulement dans un mode de penser différent !

Revenons à la paléontologie. La considération et l'étude des rapports tous les jours plus nombreux et plus précis qu'elle constate entre les êtres du passé et les êtres actuels, forment la base solide des diverses théories de filiation, de descendance, de transformisme. Ces théories cherchent à expliquer le fait général mis en lumière par la paléontologie, que les êtres du passé et du présent forment ensemble une seule et même nature, un tout organique admirablement lié. Sous une forme concrète, le fond de ces théories consiste à admettre par exemple que le chêne de nos forêts est le descendant quelque peu modifié, mais direct, d'un chêne qui peuplait nos forêts dans les derniers âges géologiques, comme celui-ci l'était à son tour de quelque forme plus ancienne du même groupe végétal, et ainsi de suite en remontant les siècles. Et ce que je dis du chêne s'applique à toutes les plantes, à tous les animaux et à l'homme lui-même.

Qu'on ne s'y trompe cependant pas, de ce que ces théories se placent sans arrière-pensée sur le terrain généalogique que paraît autoriser de plus en plus la paléontologie, cela ne veut pas dire que nous puissions aujourd'hui assigner à chaque forme végétale ou animale une lignée ancestrale précise et lui tracer son arbre généalogique, encore moins construire même hypothétiquement avec quelque sécurité celui de l'ensemble de ces règnes. Loin de là ; les transformations des êtres dans le passé et leurs rapports avec les êtres actuels sont encore environnés de grandes ténèbres, mais il n'en est pas moins certain que chaque jour des faits toujours plus nombreux et toujours plus typiques ou plus éloquents, viennent confirmer la donnée générale de ces théories ; et si dans bien des cas ils les forcent à se modifier, si même ils les condamnent comme théories particulières, ils n'en rendent que plus indiscutable le phénomène général qu'elles cherchaient à expliquer. Aucun naturaliste ne peut aujourd'hui faire abstraction de cette idée générale de descendance. Certes elle ne rend pas compte de tout, mais elle a donné aux études d'histoire naturelle un cadre et une direction que personne ne peut laisser de côté, et, on peut le dire hautement, auxquels aujourd'hui aucun travailleur ne songe un instant à se dérober, alors même qu'il peut en combattre telle ou telle systématisation particulière.

Sous l'influence des idées *a priori* que je rappelais tout à l'heure, toutes ces théories, y compris le darwinisme qui les avait mises en honneur, furent résumées dans le mot d'évolution. Celui-ci désigna dès lors en philosophie naturelle le procédé général par lequel le monde organique s'est constitué. Comme il arrive toujours, beaucoup allèrent d'un bond jusqu'au bout et placèrent le point de départ de l'évolution dans le protoplasma, conçu à l'image d'un œuf, et qui s'organise et se développe pour s'épanouir dans toute la complexité du règne animal et végétal.

Je laisse de côté les systèmes où l'élément *a priori* occupe une place prépondérante et où les faits ne servent guère que d'arguments pour la théorie ; je ne m'arrête pas davantage aux systématisations de philosophie naturelle qui ne sont qu'un moyen pour coordonner les faits et diriger les recherches, je me borne simplement à relever les principales déterminations que l'étude des êtres du passé impose à l'idée d'évolution appliquée à l'ensemble du développement de la vie.

Les diverses théories d'évolution ont provoqué une accumulation prodigieuse de travaux, inspirés par le désir ou de les confirmer ou de les combattre, mais beaucoup plus encore par la passion de la vérité en dehors de toute théorie générale. Ces travaux nous mettent aujourd'hui en présence de découvertes importantes qui donnent une probabilité toujours plus grande au fait d'une évolution du règne organique, mais en même temps nous amènent à considérer cette évolution sous un jour tout nouveau et fort différent de celui sous lequel on l'avait envisagée au début sous l'empire d'idées *a priori*, et grâce à notre ignorance.

Par analogie avec l'évolution embryogénique, dont on s'inspirait sans l'avoir encore assez étudiée, l'évolution phylogénique revêtit d'abord le caractère de nécessité et de progrès : de nécessité, puisque tout devait être dans le protoplasma ; de progrès, puisqu'en l'espèce elle conduisait de ce protoplasma à l'état actuel et à l'homme. Il y avait là plus d'une méprise ; je ne m'arrêterai pas à les relever, préférant montrer comment les faits mieux connus sont venus apporter peu à peu des correctifs à cette idée d'évolution fatale et progressive. Arrêtons-nous seulement aux grandes lignes.

Dès 1859 l'Académie des Sciences de Paris mit au concours la question des lois qui ont présidé à l'apparition des êtres. Un gros mémoire de Bronn fut couronné. Avec tous les documents que pouvait alors fournir la paléontologie, il établissait que l'*a priori* d'une loi de développement progressif des êtres ne pouvait être maintenue que si on considérait cette loi comme combinée avec d'autres qui en masquaient l'application. Autant dire que déjà à cette époque, la paléontologie indiquait que ce qu'on appelait « l'échelle des êtres » était une vue théorique que la réalité ne confirmait pas. Depuis lors cette conception est devenue de plus en plus difficile à maintenir, il a même fallu y renoncer tout à fait ; plus les découvertes se multipliaient, plus grandissaient le nombre et l'importance des faits en contradiction avec toute idée de développement progressif. Nulle part la paléontologie ne nous laissait entrevoir cet arbre généalogique dont Hæckel avait tenté la construction, au contraire plus elle accumulait de preuves en faveur de la descendance, plus elle nous la montrait comme infiniment complexe et d'une tout autre allure qu'on ne l'avait imaginée. Bien plus, l'étude comparée de la paléontologie, de la zoologie, et de l'embryogénie faisait ressortir avec toujours plus d'évidence le rôle important joué dans la formation des êtres par des phénomènes en contradiction avec les idées qu'on s'était faites au début. Au lieu d'un développement progressif, on constatait ici des arrêts de développement qui devenaient le point de départ d'organisations nouvelles, là des régressions modifiant les représentants de tel groupe jusqu'à la plus entière confusion de formes, ailleurs des adaptations imprévues, permettant des associations inédites, sans parler des adaptations dystéléologiques [1]

[1] Lorsqu'on veut juger des êtres au point de vue de la finalité, il ne faut pas perdre de vue, que celle-ci est presque toujours indirecte et complexe, à échéances souvent très éloignées et même, si l'on peut ainsi dire, comme rétrospectives. Elle n'est pas liée seulement à la vie actuelle de l'être considéré, mais beaucoup plus souvent à l'harmonie de l'ensemble, et celle-ci est essentiellement variable pour chaque époque géologique et en rapport, bien difficile

qui vinrent jeter la perplexité dans plus d'un esprit.

Nos classifications en reçurent un profond ébranlement. Il fallut se rendre à l'évidence et constater avec surprise que bien des formes placées par les naturalistes dans tel groupe, et cela, semblait-il, à bon escient en raison de leur structure anatomique, ne lui appartenaient en aucune manière par leurs origines, mais qu'elles s'en étaient peu à peu rapprochées jusqu'à l'identité par des transformations consécutives à leur genre de vie, ou par telles autres conditions dans lesquelles elles pouvaient avoir été placées au cours de leur histoire paléontologique. L'hérédité sur laquelle on avait fondé la descendance n'était plus la seule cause des ressemblances familiales, il fallait prendre en considération d'autres facteurs parmi lesquels la « convergence des caractères », dus le plus souvent à la vie menée par l'être ou par ses ancêtres dans le passé. Ici, comme dans le monde moral, le genre de vie entraînait pour les formes ancestrales progrès ou dégénérescence, et le parasite comme le paresseux perdait son rang et sa position.

Ces faits appelèrent de profondes modifications dans les arbres généalogiques qu'on avait, à défaut de développement progressif, essayé de construire sur les ressemblances héréditaires. Un naturaliste dont

à déterminer pour nous, avec l'évolution finale de la nature.

Cette considération explique pourquoi les adversaires de la finalité dans la nature, ont eu si beau jeu aussi longtemps qu'on jugeait de la finalité des êtres au point de vue traditionnel, c'est-à-dire en les considérant comme créés directement par Dieu dans leur *contexte actuel*.

le nom seul était dans certains milieux synonyme d'évolution matérialiste et athée, Karl Vogt, en vint à comparer les classifications d'alors à un espalier dans lequel les branches de chaque pied empiètent les unes sur les autres et s'enchevêtrent, en sorte que tout compartiment qu'on tenterait d'y établir ne présenterait jamais de fruits d'un seul et même pied. Ainsi disait-il de nos groupes zoologiques.

Ces phénomènes divers, d'arrêts, de régressions, d'adaptations complexes, imprévues, dystéléologiques; ces faits de convergence, de répercussion profonde du genre de vie et de toute l'histoire paléontologique de l'être, causèrent tant de surprises et amenèrent de telles modifications dans les théories qui avaient cours, en particulier dans celles tirées du parallélisme des séries embryogénique et phylogénique, que certains esprits en furent assez troublés pour oser parler de falsifications dans la nature ! Nouvel et remarquable exemple de la facilité avec laquelle la théorie est mise au-dessus des faits. Il n'y avait de falsifié que leur concept de l'évolution, trop mêlé d'*a priori* pour faire place aux éléments nouveaux et très imprévus que seule l'observation de la matière de l'évolution pouvait révéler.

Abandonnons aux naturalistes le soin de rechercher, d'étudier, de préciser ces phénomènes complexes que présente la nature envisagée dans la formation des êtres, et de tous ces progrès, ces arrêts, ces reculs, ces adaptations dystéléologiques, ces inutilités, ces impasses de toutes sortes, ne retenons que le fait général qu'ils établissent bien et duement aujourd'hui, de l'insuffisance évidente de l'idée d'évolution telle qu'elle était comprise jusqu'alors, pour expliquer les faits.

Au lieu de cette majestueuse « Evolution » transformant la monère en homme par une série d'étapes régulièrement et logiquement ordonnées suivant une marche progressive, qu'entrevoyons-nous maintenant ? Une évolution encore, c'est-à-dire un développement de dedans en dehors, hors de soi, qui fait toujours de la nature actuelle et passée un même organisme, mais une évolution qui comporte une marche singulièrement irrégulière et incertaine, à tel point qu'on ne peut plus, à proprement parler, dire une évolution, car il s'agit de l'histoire d'un ensemble d'évolutions partielles qui peuvent être successives ou simultanées, divergentes ou convergentes, progressives ou régressives, formant un tout inextricablement complexe. Chaque groupe paraît avoir eu son évolution propre, presque chaque espèce, et sans lien logique avec celle des autres, si bien que rien ne permet de la déterminer *a priori*. L'histoire du passé des êtres est pleine de lignes qui ne se prolongent pas ou qui aboutissent à des impasses dans la nature actuelle, qui réalisent, si on veut ainsi parler, des formes souvent très différentes d'évolution, tendant à des fins très diverses et même opposées.

Dans ces conditions pour parler encore d'une évolution progressive, il faudrait faire abstraction de tous ces rameaux divergents ou atrophiés, et ne considérer que le seul aboutissement du règne animal dans l'homme. Et encore ici les faits viennent déranger cette vue théorique, en nous montrant que même cette évolution du règne animal prise en gros et abstraitement, ne peut s'appliquer à toute la surface de la terre. L'évolution de la vie dans l'hémisphère austral semble de plus en plus avoir suivi une marche différente de celle de l'hémisphère nord, en sorte qu'il faudrait, même dans ce sens abstrait, parler de deux évolutions et encore sans savoir d'une manière absolument certaine laquelle a abouti à l'homme.

Bref la diversité et la complexité la plus grande règnent dans la nature qu'il s'agit d'expliquer par une évolution, et ce caractère qui va s'accentuant avec tous les progrès de la paléontologie, entraîne l'impression de plus en plus irrésistible que l'évolution ne peut être ni le développement d'un germe au sens ordinaire, ni la réalisation d'un plan au sens propre, mais quelque chose comme une prodigieuse expansion de vie pleine d'imprévu ou même de fantaisie, rappelant davantage une œuvre de circonstance, qu'une œuvre intentionnelle ou mécanique.

C'est dire en un mot qu'en présence des faits, les caractères de nécessité et de progrès passent au second plan pour faire place à un autre caractère qui comprend des éléments étranges d'accident et de contingence.

Je sais qu'en parlant ainsi, je heurte les idées qui ont cours, aussi bien dans les milieux spiritualistes que dans les milieux matérialistes ; et cependant je ne crois pas qu'on puisse échapper à ces conclusions, si on veut sérieusement déterminer l'idée d'évolution par les faits, en dehors de tout *a priori* spiritualiste ou matérialiste.

Afin de rendre le problème plus accessible et les difficultés qu'il soulève plus sensibles à ceux pour lesquels toutes les questions d'origine se résument encore dans le mot de création, je transposerai ce qui précède en langage religieux ou traditionnel. Je ferai d'abord observer à cette catégorie de lecteurs que cette transposition est tout ce qu'il y a de plus simple, car toutes les explications de la formation des êtres, qu'on les appelle filiation, descendance, transformisme ou évolution, avec leurs multiples formes, ne sauraient jamais désigner autre chose pour ceux qui croient en un Créateur et qui avec leur maître, Jésus-Christ, voient dans la nature une parole de Dieu, que la forme concrète donnée par ce Créateur à son activité créatrice. Ce ne peut être qu'à la suite d'une profonde méprise que ces explications ont été si mal accueillies par les chrétiens ; ils auraient dû au contraire, pour autant qu'elles apportent leurs garanties scientifiques, rechercher de telles explications, précisément pour essayer de mieux comprendre les merveilleuses intentions de cette activité divine, car à l'œuvre et aux moyens employés on connaît l'ouvrier. Chercher à définir l'évolution naturelle, ce n'est donc pour le chrétien que chercher à préciser davantage l'idée ordinaire de création des plantes, des animaux et de l'homme.

N'est-ce pas d'ailleurs ce que nous montre l'histoire? De même que l'idée plus ou moins à prioristique d'évolution naturelle doit se modifier au contact des faits, de même l'idée de création s'est modifiée avec les progrès des sciences. Il y a là comme deux séries de modifications parallèles et de même sens, justifiant ainsi la transposition que je propose ici pour l'édification de certains lecteurs. Cette transposition, du reste, précisera certainement aussi pour les autres le sens des modifications que la paléontologie impose à l'idée d'évolution.

Retraçons donc rapidement l'histoire des modifications successives par lesquelles a passé l'idée de l'activité créatrice de Dieu.

D'abord, tout est rapporté directement à la toute-puissance du Créateur, agissant d'une manière instantanée et plus ou moins magique. Dieu a tout créé par un acte de sa puissance absolue; « et Dieu dit: Que la lumière soit et la lumière fut. » C'est l'expression purement religieuse dans laquelle il est fait entièrement abstraction de toute cause seconde.

Puis l'observation de la nature montre la multiplicité des choses créées, leurs connexions, leur hiérarchie, leur dépendance; l'idée d'une succession progressive dans l'activité divine se fait jour et le récit du premier chapitre de la Genèse avec toutes les cosmogonies anciennes, traduit cette première détermination de l'idée purement religieuse par l'observation vulgaire.

La géologie vient ensuite montrer que la succession et la progression entrevues sont beaucoup plus complexes qu'elles n'étaient apparues à l'observation superficielle. Pour les expliquer on s'arrête en premier lieu à l'idée d'une succession de créations analogues chacune à celle de la Genèse.

Bientôt cette répétition de créations va se multipliant; et comme chacune entraîne la destruction de celle qui la précède, cette idée de créations suivies de destructions périodiques soulève dans les esprits l'objection d'un Dieu qui fait et défait son œuvre comme un artisan malhabile. D'ailleurs les faits établissent de plus en plus clairement que cette répétition a eu lieu un nombre indéfini de fois et qu'elle s'applique non pas à des ensembles pouvant être considérés comme une création au sens génésiaque, mais bien plutôt à chaque groupe, presque à chaque espèce. L'activité créatrice n'a donc pas procédé par grands à-coups, mais paraît avoir été continue et avoir fait apparaître la nature comme une unité organique par un développement continu. C'est le moment où on entrevoit ce développement progressif des êtres, imposant de grandeur et de majesté et équivalant aux premières applications d'une idée d'évolution à l'apparition des êtres sur notre terre.

Ici encore l'observation patiente de la nature vient ébranler ces belles constructions. Tout ne marche pas au gré de la théorie, pas plus sous la forme d'évolution que sous celle de création continue et progressive. Nous avons vu les difficultés soulevées par ces reculs, ces régressions, ces adaptations dystéléologiques et tout cet ensemble de faits toujours plus nombreux, singuliers et imprévus, qui, en forçant à modifier l'idée d'évolution, viennent de nouveau compromettre le caractère que devrait avoir une œuvre sortie directement, bien que successivement, des mains d'un Créateur tout sage et tout puissant.

Pour rendre ces modifications de l'idée de l'activité créatrice plus sensibles encore, qu'on me permette une comparaison ultra-grossière. Comparons l'œuvre créatrice au travail d'un statuaire. D'abord la statue sort tout achevée des mains de l'artiste ; c'est le troisième verset de la Genèse. Puis les cosmogonies décrivent les différentes phases par lesquelles le bloc de marbre a passé ; c'est le récit de la Genèse. Ensuite la géologie nous montre les essais successifs de statues auxquels l'artiste s'est livré avant de faire son chef-d'œuvre ; c'est d'abord la théorie des créations successives, puis celle de la création progressive et continue des espèces paléontologiques. Enfin les sciences biologiques nous font voir que ces essais ne se rapportent pas à une seule et même statue, mais à des ébauches de divers ordres, en sorte que la nature est comme un atelier où le maître et les élèves se sont fait la main jusqu'au jour où de ces efforts est sorti le chef-d'œuvre, l'homme.

Et qu'on ne croie pas que je charge à plaisir. A la lumière de ce que nous connaissons aujourd'hui de sa formation, la demeure de l'homme nous paraît construite, par un procédé analogue, à peu de chose près, à celui qui consisterait, pour faire une habitation à bâtir une ville entière avec des édifices d'architectures différentes, puis à laisser ces édifices tomber en ruines, à en rebâtir d'autres qui auront le même sort, jusqu'à ce qu'enfin il n'en reste qu'un formé en majeure partie avec les matériaux empruntés aux autres et dont la plupart portent encore la trace d'architectures diverses, plein de différences de niveau, d'appendices, de cloisons déplacées, d'ouvertures bouchées ou modifiées, et de tous les caractères que présentent les maisons faites peu à peu selon les nécessités, les caprices, le bon ou le mauvais goût des générations successives qui ont concouru à leur édification.

Certes, la comparaison reste toujours fautive sur un point essentiel, comme toutes celles auxquelles nous pourrions avoir recours, car nous ne pouvons jamais y retrouver le trait caractéristique des produits de la vie, celui qui différencie absolument ceux-ci des plus merveilleux résultats de l'industrie humaine. Dans l'ordre des choses concrètes, l'homme fabrique, construit, ajoute, retranche, mais produit toujours par une action de dehors en dedans ; à Dieu seul il appartient de créer ce qui a en soi-même un principe de développement, ce qui se fait de dedans en dehors par un procédé que nous appelons précisément une évolution. Un édifice, une machine aussi admirable et complexe qu'on voudra, marquent la limite de l'œuvre de l'homme ; seuls les organismes vivants sont l'œuvre de Dieu. Contester l'évolution dans la nature, c'est à le bien prendre refuser au Créateur le pouvoir de créer des vivants ; l'évolution est la marque de la facture divine.

Quoi qu'il en soit de ces comparaisons, il n'en reste pas moins que, sous la pression des faits, l'œuvre du Créateur envisagée au point de vue traditionnel, revêt un caractère de plus en plus singulier et contradictoire. Loin de nous apparaître comme l'œuvre d'un Créateur tout puissant et tout sage, elle tend à ressembler plutôt à celle d'un être très puissant à coup sûr, mais qui a été aux prises avec des difficultés insurmontables, ou qui a rencontré en chemin des obstacles imprévus ; si bien qu'il a dû modifier son plan à maintes reprises ; abandonner ici telle partie, revenir là sur ses pas pour telle autre, et n'arriver au but qu'il se proposait d'atteindre, qu'après mille détours compliqués et en laissant la route parcourue toute jonchée de ruines.

Les faits qui établissent cet état de choses si étrange abondent aujourd'hui dans l'histoire du passé de notre terre ; ils vont se multipliant tous les jours. Ils restent inexplicables aussi longtemps que Dieu est considéré comme l'auteur direct et unique de tout ce que nous voyons, et tel que nous le voyons aujourd'hui. Et non seulement ces faits restent inexplicables, mais ils élèvent dans plus d'un esprit un doute tragique sur la sagesse et sur la puissance du Créateur. Ils fournissent une objection terrible contre le Dieu des Eglises chrétiennes, objection qui continuera à exercer ses ravages dans leur sein aussi longtemps que les chrétiens laisseront ces faits peser de tout leur poids sur la notion reçue de Dieu et ne chercheront pas à en donner une explication plausible.

Il y en a une, très simple, bien que grosse de conséquences, c'est que Dieu n'a pas été le seul acteur dans l'œuvre de la formation du monde organique.

Autrefois, on aurait fait intervenir le diable, comme on l'a fait à propos des monstres ; aujourd'hui une école, et non des moindres, nous dit : certainement Dieu n'est pas le seul auteur de ce que nous voyons, toutes les anomalies que vous relevez avec raison soit dans la nature actuelle, soit dans son passé géologique, dérivent de la chute d'une ou de plusieurs créatures primitives. Je voudrais le croire, mais s'il est facile de dire qu'on attribue à une chute tout ce qui est mal ou imperfection générale, il devient très difficile de le faire encore, lorsqu'on passe de l'abstrait des philosophes au concret des naturalistes, or c'est de celui-ci qu'il s'agit ici pour le moment. Certes, on comprend qu'une chute ait pu fausser les lois d'harmonie d'un monde sorti parfait des mains du Créateur, et y introduire le désordre; mais ce qu'on comprend moins, c'est pourquoi ces lois conduisent encore la nature à ses fins tout en arrivant à des résultats si singuliers et contradictoires dans le détail de la formation des êtres. On comprend encore qu'on puisse regarder une chute primitive comme la cause occasionnelle du processus particulier de formation de notre monde terrestre que nous révèle la géologie, mais ce qu'on comprend moins, c'est qu'on croie avoir supprimé le problème en face duquel nous nous trouvons, parce que les singularités et les contradictions présentées par ce processus, au lieu d'être constatées dans une création de Dieu au sens vulgaire, le seraient dans une restauration entreprise par ce même Dieu ensuite d'une chute primitive.

Au contact des faits particuliers et précis dont il s'agit de trouver une explication pour ne pas dire une justification, l'idée abstraite d'une chute primitive vous laisse perplexe, car pas plus dans le cas d'une création que dans celui d'une restauration, on ne peut faire appel pour les expliquer ni à des lois générales, ni à l'action directe de Dieu.

On m'arrêtera peut-être ici en disant : notre ignorance est si grande qu'il n'y a pas lieu de soulever de pareilles questions; quoi de plus naturel que de rencontrer dans le développement des êtres auquel tant de milliards de circonstances ont concouru, bien des choses surprenantes, inexplicables et même qui nous semblent contradictoires? En ce qui regarde notre ignorance, j'accorde tout ce qu'on voudra, elle est incommensurable ; mais je pose en fait qu'il est impossible à tout esprit qui réfléchit, après avoir été en contact direct et sérieux avec les faits que nous révèle l'étude comparée de la paléontologie et de l'embryologie, de se tenir pour satisfait en les envisageant comme le résultat d'une activité directe de Dieu, même contrariée dans son action par une chute primitive, et de ne pas chercher une autre solution que notre ignorance, au problème soulevé par les singularités et les impropriétés qui marquent l'évolution de la vie dans le passé, comme les monstruosités caractérisent celle de l'embryon.

Ainsi, sur le terrain traditionnel, aussi bien que sur celui de l'évolution, nous nous trouvons en présence d'une même conclusion : il existe dans le développement de la vie, la trace d'un élément ou d'un facteur dont on n'a pas tenu compte ; son action vient expliquer ce qu'on ne saurait attribuer ni à une intelligence toute-puissante, qui marche sûrement vers le but[1], aussi bien dans une œuvre de création que dans une œuvre de restauration, ni à une puissance d'évolution qui fait sortir les êtres les uns des autres comme le poussin de l'œuf, même en tenant le plus grand compte de toutes les modifications que les conditions rencontrées peuvent faire subir aux êtres ainsi produits. Ces deux explications qui reviennent

[1] Sous les réserves faites plus haut, à propos de la finalité ; ici, le but est, *a posteriori*, l'état actuel de la nature et l'homme.

d'ailleurs au même pour qui croit en un Dieu créateur, sont également insuffisantes sans l'intervention d'un autre facteur qu'il s'agit de préciser.

Cet élément nouveau, ce facteur dont l'action ne semble pouvoir se constater qu'*a posteriori*, puisqu'elle ne se révèle que par des irrégularités ou des accidents, où le chercher si ce n'est dans l'activité propre des êtres en question ? S'il s'agissait de l'histoire de l'humanité, un tel facteur s'appellerait la liberté, quelle que soit l'idée qu'on se fasse de celle-ci ; mais dans l'histoire de la vie, nous ne pouvons le désigner de ce nom qui implique des éléments moraux. Il ne peut dès lors être cherché que dans la réaction *propre* de chaque être, réaction qui intervient dans les mille circonstances où les êtres peuvent avoir été placés au cours de leur existence à travers la durée des temps géologiques. Seulement cette réaction propre ne doit pas être comprise comme celle purement organique, qui est nécessaire pour une action quelconque de ces circonstances, mais comme une activité propre de l'être, telle qu'elle ait pu ouvrir une voie plutôt qu'une autre à l'évolution, et produire ainsi au cours des âges ces singularités qu'aucun artiste ne revendiquerait pour son œuvre et qu'*a fortiori*, on ne peut attribuer à l'artiste suprême.

S'il devait en être ainsi, et nous allons voir tout à l'heure ce qu'il faut en penser, l'idée d'évolution comme celle de création au sens ordinaire, devrait être profondément modifiée pour exprimer un procédé de formation des êtres dans lequel non seulement les créatures se développent organiquement de dedans en dehors, mais où elles tendent à devenir elles-mêmes un des facteurs de leur propre développement.

Avant d'aller plus loin, rapprochons cette conséquence de ce que nous avons vu à propos de l'évolution embryogénique. Pour expliquer les caractères singuliers de celle-ci, nous avions dû recourir à l'action d'un triple facteur : une puissance active dans l'embryon, l'action des milieux provoquant les réactions de cette puissance, enfin l'histoire du passé dans les empreintes qu'elle a laissées. C'est dire que la *vis insita* à laquelle on pouvait rapporter l'évolution embryogénique, n'agissait pas d'une manière fatale, mais se trouvait déterminée par l'histoire du passé et par les circonstances particulières ou générales dans lesquelles les êtres se sont trouvés. Cette *vis insita* paraissait donc correspondre à une puissance de possibles, fonction des conditions dans lesquelles elle se réalise, et parmi celles-ci le genre de vie des ancêtres paraissait intervenir comme un facteur important.

Avec l'évolution phylogénique ce dernier facteur, bien qu'un peu autrement compris et appliqué, prendrait un rôle très précis en relevant directement de l'activité propre et spontanée d'êtres adultes. Pour conserver la même formule et parler encore d'une « puissance de possibles, fonctions des conditions dans lesquelles elle se réalise », il suffirait d'ajouter : « mais où la sélection des virtualités qui viennent au jour tend à relever de plus en plus de l'activité propre et spontanée des êtres réalisés. »

En d'autres termes, l'activité d'un Créateur en regard de la créature terrestre semble aujourd'hui devoir être envisagée comme s'étant manifestée sous la forme d'une évolution, mais d'une évolution qui est définie par la réalisation en êtres particuliers d'une puissance de vie dont l'expansion est fonction de milieux variables autant que de ses propres réalisations multiples et successives. Celles-ci prennent de plus en plus la forme d'activités individualisées [1] jusqu'au point où elles en arrivent à se vouloir elles-mêmes sous l'espèce d'êtres conscients d'eux-mêmes.

On pourrait en conclure que cette évolution est, en fait, un procédé destiné à créer des êtres libres dans les conditions données dans notre monde [2] et que loin d'être le type d'un développement fataliste, l'évolution naturelle apparaît comme le solide fondement des théories moralistes.

Je sais bien qu'on pourrait conclure aussi que nous sommes en plein roman, car enfin pareil rôle attribué à l'activité propre de la créature (pour ne pas dire cette activité propre et spontanée elle-même), n'est-ce pas une hypothèse gratuite, un peu forcée et en tous

[1] Je réserve entièrement ici l'expression métaphysique de ces êtres essentiellement actifs.

[2] Sans préjuger la question de savoir si ces conditions sont voulues directement par un Créateur en raison du but poursuivi ou si elles lui sont dictées par les actes libres de créatures antérieures à notre monde.

cas trop intéressée? L'idée d'une part prise par l'être à sa propre création est si étrange et si peu compréhensible quand il s'agit d'êtres dépourvus de raison, qu'il faudrait tout au moins pour la prendre en considération, la voir étayée par des faits directement probants.

C'est à cette objection que nous avons à répondre maintenant en recherchant si l'observation de la nature ne nous fournit pas d'autres faits positifs qui conduisent à une hypothèse semblable, ou qui même ne s'expliquent que par elle.

---

CHAPITRE IV

# ANATOMIE ET BIOLOGIE COMPARÉES

Remarquons tout d'abord que les êtres dont nous avons à considérer l'évolution phylogénique, font leur apparition dans un monde privé de vie et que nous appelons à cause de cela inorganique. Or ce passage de l'inorganique à l'organique, quel qu'il ait été dans sa genèse, est le passage de la chose au sujet. Un être n'est plus une chose [1], il y a en lui un élément nouveau qui n'est pas dans le concept de chose. Evidemment nous ne pouvons saisir cet élément dans ces manifestations infimes de la vie dans lesquelles, à tort ou à raison, nous croyons voir comme un analogue des premières manifestations de la vie sur notre globe, mais nous le distinguons nettement dans les êtres plus élevés. Un chien n'est pas une chose, même très per-

[1] Alors même qu'on estimerait, non sans raison, que les êtres inférieurs sont encore plus près de la chose que du sujet, l'affirmation générale resterait exacte, car il faut juger de la vie par ce qu'elle devient.

fectionnée, infiniment complexe et merveilleuse ; à la chose qu'il pourrait être de par les explications mécanistes, physiques ou chimiques, s'ajoute ce qui le fait être vivant ; fait étrange et *sui generis* dont les conceptions mécanistes ou autres par lesquelles on essaie de l'expliquer, peuvent en quelque mesure nous faire comprendre les manifestations, mais sans épuiser jamais l'idée que le mot *chien* désigne pour tous les hommes, y compris les auteurs de ces explications dès qu'ils ne parlent plus *ex cathedra*.

En passant de la chose au sujet, la nature manifeste donc une tendance vers la réalisation d'un élément d'indépendance et d'activité propre. C'est dire qu'elle donne à la contingence sa place dans l'évolution, car si dans le sujet tout n'est plus donné comme dans la chose, c'est qu'il y a un élément contingent qui agit incessamment sur le donné pour l'enrichir. Dans le mécanisme tout est donné, tout étant dans tout ; dans le finalisme tout est donné aussi puisque tout est prévu et préordonné ; tout est encore dans tout d'une autre manière, non moins réelle ; mais dans l'évolution animale, dans la vie en général, tout n'est plus donné, car chaque être apporte sa part d'activité quelque infime qu'elle soit, au donné qu'il représente.

Laissons ce terrain relativement abstrait pour envisager directement les phénomènes très concrets que présentent les êtres eux-mêmes. Adressons-nous d'abord à l'anatomie comparée. Elle nous montre chez les animaux inférieurs des êtres essentiellement dépendants du milieu avec lequel ils sont en relation directe par les diverses parties de leur corps, auxquelles d'ailleurs sont presque uniformément dévolues toutes les fonctions nécessaires à la vie. Ils apparaissent comme un écho des actions qui s'exercent sur eux et contre lesquelles ils réagissent directement et immédiatement.

Puis cette étude de l'anatomie comparée nous montre des animaux chez lesquels les fonctions se répartissent en organes définis et qui vont se spécialisant et se centralisant de plus en plus. Parmi ces fonctions, celles de la vie de relation sont celles qui nous importent le plus. L'apparition d'organes des sens bien définis joue ici un rôle éminent; la vision en particulier, dès qu'elle est assez précise pour fournir des images à l'animal, ouvre une ère nouvelle au développement de ce qui deviendra le psychisme dans les animaux plus élevés. Le système nerveux qui est l'organe et le moyen de la vie de relation est d'abord représenté par des ganglions ou centres d'activité disséminés dans tout le corps et placés partout où il y a quelque action spéciale à exercer. Ces centres d'abord isolés, puis en relation les uns avec les autres, se subordonnent bientôt à un centre plus important qui acquiert une prépondérance évidente et devient le cerveau.

Et quel est le rôle de ce cerveau, si ce n'est précisément de centraliser quelque chose de toutes les fonctions du système nerveux? Il ne se substitue pas aux centres ganglionnaires secondaires et locaux, qui continuent à recevoir des impressions et à y répondre, mais il constitue un organe central où toutes les actions diverses ont un écho et laissent une trace. Il en résulte qu'à la réponse directe et relativement isolée du centre local, tend à se substituer une réponse en rapport non seulement avec toutes les autres du même moment, mais encore avec l'ensemble de ce qui a été emmagasiné d'actions et de réactions, avec leurs résultantes diverses les unes sur les autres, en un mot, en rapport avec tout ce que l'être est à un moment donné.

Par comparaison grossière, on pourrait dire que le cerveau est un carrefour où toutes les voies aboutissent directement ou indirectement et où se trouve un enregistreur de tout ce qui se meut sur ces voies ; toute provocation extérieure, comme toute réponse à ces provocations, y entre en contact avec toutes les autres, actuelles et passées, et s'y combine de mille manières, ainsi la réponse qui paraît au dehors est parfois si profondément différente de la provocation originelle qu'elle constitue à son égard quelque chose de nouveau.

Le cerveau nous apparaît ainsi dans la série animale comme un organe qui emmagasine les actions et réactions provoquées par l'extérieur et le système nerveux périphérique, les combine en associations nouvelles et de plus en plus complexes, et les libère sous des formes inédites dans la nature en dehors des êtres qui sont doués de cet organe merveilleux. Et ce qu'il y a de plus étrange encore c'est que non seulement il les libère, mais qu'il fonctionne comme s'il possédait la très mystérieuse faculté de les libérer plus ou moins à son gré, ce qui indique qu'il faut voir en lui plus qu'un simple pouvoir suspensif de la réponse, mais bien le siège ou l'organe d'une activité propre et en quelque manière autonome [1].

La perfection plus grande d'un pareil centre cérébral ou plus exactement d'un *centre cérébro-psychique* [2] est de nature à assurer aux êtres qui le possèdent une individualisation, une indépendance et une activité de plus en plus grandes à l'égard de leur milieu.

Toutefois, et précisément parce que l'observation est venue modifier l'idée théorique d'une évolution plus ou moins rectiligne du règne animal, il nous faut faire remarquer ici que ce centre n'arrive pas à des modalités identiques dans les divers rameaux entre lesquels a divergé l'évolution. Il nous est évidemment très difficile d'essayer même de nous rendre compte de ce qui se passe dans le cerveau d'animaux appartenant à des groupes absolument différents du nôtre. Je ne parle même pas des plus inférieurs, mais seulement des trois rameaux qui se sont élevés le plus haut

[1] J'envisage le phénomène tel qu'il se présente, sans me préoccuper encore de la question métaphysique impliquée dans l'idée de *sujet*, idée qui s'impose et se précise de plus en plus chez les animaux élevés.

[2] J'emploie le mot bien neutre de *centre*, toujours pour ne pas introduire les présomptions métaphysiques qui s'attacheraient au mot *âme* par exemple. J'emploie de même le terme cérébro-psychique pour marquer les deux aspects, physiologique et psychologique, qui s'imposent à l'observation, en dehors de tout préjugé sur les questions encore insolubles de leurs rapports chez les animaux supérieurs et chez l'homme.

dans l'organisation d'un système nerveux ; les mollusques, les arthropodes et les vertébrés.

Je ne me harsarderai pas à parler du cerveau des premiers, bien que chez leurs représentants les plus élevés, apparus d'ailleurs dès les premiers âges de la terre, cet organe, ainsi que certains organes des sens, comme l'œil par exemple, ait atteint un haut degré de perfection. Ces êtres sont restés marins et nous ne les fréquentons pas assez pour avoir par nos rapports avec eux quelques données sur leur psychologie.

Il en est de même pour les arthropodes restés marins, cependant ceux de nous qui ont agacé des crabes sur les rochers où ils tendent à sortir de leur élément, ne peuvent pas ne pas avoir été frappés de l'analogie de leurs manières d'agir avec les nôtres, *mutatis mutandis*. C'est chez les insectes, sommet aérien de ce groupe des arthropodes, que nous nous trouvons en présence de quelque chose de tout à fait spécial, le règne et l'apogée de ce qu'on appelle l'instinct. Je n'ai pas besoin de m'étendre sur les instincts des insectes, devant les manifestations desquels on reste confondu, non plus qu'à chercher une explication de ces phénomènes si étranges. Il me suffit ici de constater que le cerveau très complexe, bien que très minuscule, des insectes permet des actions merveilleuses, admirablement et extraordinairement adaptées, telles qu'elles supposeraient pour être reproduites par un être intelligent à notre façon, une science et une habileté consommées.

On en conclut que le cerveau, même sous une masse très réduite, peut être un organe d'emmagasinement, de combinaison, de libération d'actions et de réactions extraordinairement complexes, et faire de l'être qui le possède quelque chose d'original et de *sui generis* dans la nature. Seulement si la voie suivie par l'évolution dans ce rameau du tronc animal, montre à quels perfectionnements peut arriver l'organisme cérébral même sous un si petit volume, c'est en même temps la démonstration que cette voie est une impasse ; le perfectionnement de l'instinct devient le triomphe de l'automatisme cérébral ; l'activité psychique, dont le cerveau est le support et l'organe, se fixe et disparaît dans des adaptations merveilleuses, son caractère autoactif et autonome apparaît encore çà et là, mais dans l'ombre et sans avenir.

Il en est autrement si nous considérons maintenant le dernier des rameaux dans lequel l'évolution a divergé, celui des vertébrés. Celui-ci nous apporte de précieux renseignements : les grandes classes dont il se compose ayant fait leur apparition et s'étant développées suivant leur ordre hiérarchique, nous pouvons trouver par analogie dans les grandes lignes du développement du système nerveux des types actuels, des jalons bien nets de la marche suivie dans le passé pour la formation du cerveau vertébré parfait.

Comparé au développement du cerveau dans les autres rameaux du règne animal, celui des vertébrés semble caractérisé par le développement parallèle d'un pouvoir toujours plus grand d'autoactivité. Non seulement il emmagasine, combine et libère des actions et réactions provoquées par l'extérieur, non seulement il est la source et le réservoir tout à la fois d'adaptations psychiques merveilleuses, mais il semble intervenir activement dans ce travail même, non plus seulement sous la forme d'automatisme, mais d'une manière en quelque sorte spontanée. L'élément psychique proprement dit, autonome et autoactif, prend une importance plus grande, tend au premier rôle en rendant l'animal de plus en plus capable d'adaptations imprévues et inédites, sans cesse variables et nouvelles.

Si on considère le développement anatomique du cerveau et celui de l'activité correspondante de l'être dans la série vertébrée, il est difficile de ne pas arriver à la conclusion très nette qu'il y a dans la nature une tendance bien manifeste à la formation d'êtres doués d'un système nerveux de plus en plus perfectionné qui leur permet de devenir de plus en plus indépendants, individualisés, autonomes et autoactifs.

Je viens d'indiquer la marche générale de l'évolution à propos du système nerveux, sans faire intervenir de théorie proprement dite au sujet de ce dernier, en considérant seulement les manifestations objectives de ce que nous pouvons regarder comme relevant directement de sa constitution. Quelle que soit la théorie qu'on accepte sur les phénomènes nerveux, je ne pense pas que cette exposition générale doive être beaucoup modifiée. Le phénomène nerveux serait-il ramené à un pur réflexe qu'il faudrait toujours pour rendre compte des phénomènes différents que nous présente l'observation, admettre des réflexes de plus en pl ; complexes, des réflexes de réflexes et ainsi de suite pour rendre compte de la série des phénomènes qui, de la réponse pure et simple à la provocation extérieure, aboutit aux réponses compliquées des instincts et aux réponses inédites de l'intelligence. En attendant qu'on ait expliqué le mécanisme de ces phénomènes, il est évident que l'instinct et l'intelligence marquent bien les étapes ultimes, mais différentes, du développement du système nerveux, étapes qui s'étalent plutôt en rameaux divergents qu'elles ne forment une série linéaire progressive, comme on a souvent été tenté de le supposer en vertu d'une certaine hiérarchie théorique qui plaçait l'instinct entre les phénomènes réflexes proprement dits et l'intelligence. Le développement de l'instinct est l'apogée du développement de l'automatisme, de cette tendance profonde du système nerveux à former des mécanismes anatomiques, physiologiques, cérébraux et psychiques adaptés à des fins précises. Car les automatismes nous apparaissent sous deux formes distinctes : une d'aspect purement mécanique, c'est le réflexe simple ou composé sans autre, la seconde où le milieu et les circonstances mettent leur empreinte dans des adaptations complexes et que nous désignons par le terme plus ou moins défini d'instinct.

Au fond les trois modalités différentes du système nerveux sont représentées dans tous les êtres, c'est la prépondérance de l'une ou de l'autre que nous relevons dans nos classifications.

L'argumentation qui précède implique, entre une certaine hiérarchie des fonctions observées dans la nature actuelle et l'ordre suivi dans la formation des êtres dans le passé, un parallélisme sans lequel la conclusion à laquelle elle nous a conduit manque totalement de base. Aussi bien la légitimité de cette manière de raisonner est-elle ordinairement contestée par les personnes trop nombreuses parmi nous, qui sont restées étrangères aux sciences géologiques et pour lesquelles par conséquent ce parallélisme reste lettre morte. Ici évitons tout malentendu. Nous sommes bien loin encore de pouvoir étendre ce parallélisme à tout le règne animal, nous ignorons le détail de l'ordre suivi dans la formation du plus grand nombre des êtres inférieurs, et pour la plupart des autres notre ignorance est encore très grande; cependant, comme je le rappelais tout à l'heure, la paléontologie nous fournit une série, assez nette dans ses grandes lignes, où ce parallélisme peut être reconnu, et qui suffit, comme je vais essayer de le montrer, pour mettre en évidence par des faits précis cette tendance de la nature à former un centre indépendant et auto-impulsif.

Cette série est celle des vertébrés, dont l'homme est le terme zoologique supérieur. Je passe les détails, où nous retrouverions d'ailleurs les faits complexes et singuliers relevés plus haut dans la marche de l'évolution, et qui sont appelés à modifier si profondément le concept d'évolution naturelle. Je prends cette série dans son ensemble, assez connu aujourd'hui dans ses grandes lignes, et j'y constate les faits suivants.

Pendant la période primaire nous voyons apparaître les premiers vertébrés sous la forme d'animaux marins, de poissons si l'on veut, mais de poissons mal définis comme tels. De ce milieu presque homogène de la mer, dont il est alors solidaire de toute manière, le vertébré passe à un milieu aérien et terrestre où la variété des conditions peut devenir indéfinie. Les organes de mouvement y prennent une importance nouvelle et préparent une indépendance relative. Mais le premier vertébré terrestre est encore un animal à sang froid, batracien ou reptile; comme tel sa vie reste dans une dépendance presque complète de son nouveau milieu, elle est activée ou ralentie, suspendue même avec les variations de la température de ce milieu. Dès lors l'activité des organes de mouvement qui devait lui assurer une certaine indépendance, se trouve dépendre de quelques degrés en plus ou en moins de l'échelle thermométrique. Au milieu de ces vertébrés à sang froid, on voit dès le début de la période secondaire, apparaître le vertébré à sang chaud. Celui-ci est un être dans lequel des dispositions anatomiques extrêmement remarquables et délicates, maintiennent la température du sang entre des limites très rapprochées. On sait que pour l'homme, elles ne sont distantes que de quelques degrés. Or le sang forme comme un milieu intérieur dans lequel vivent les cellules dont l'agencement et la hiérarchie constituent l'être entier. Le vertébré à sang chaud est donc un animal dont la vie propre est dans une large mesure soustraite à l'action directe du milieu extérieur. Les éléments vitaux et le système nerveux en particulier, plongés dans ce milieu à température relativement constante, sont assurés de trouver toujours les meilleures conditions de fonctionnement, quelles que soient les circonstances extérieures que traverse l'animal. C'est là une condition remarquable d'indépendance.

Pour que celle-ci non seulement subsiste dans la vie proprement dite de l'être, mais se manifeste au dehors sous forme d'activité individuelle et autonome, une modification de grande importance intervient dans le système nerveux des animaux à sang chaud. Elle affecte les rapports des deux parties principales de ce système, le cerveau et l'ensemble des centres nerveux secondaires. Chez les invertébrés, le premier arrive bien à une certaine prépondérance sur les derniers, mais encore n'est-elle évidente que dans les représentants les plus élevés de ce groupe. Avec les vertébrés au contraire, nous voyons ces deux parties du système nerveux subir des modifications profondes. La moelle et l'encéphale, d'abord peu distincts l'un de l'autre, en ce sens que le second paraissait n'être que l'extrémité de la première, se transforment peu à peu. La moelle très volumineuse et tout à fait prépondérante, diminue progressivement par rapport à l'encéphale, qui s'accroît au contraire proportionnellement et tend à prendre le premier rôle.

Chez les grands reptiles qui furent les rois de la création pendant la période secondaire, le cerveau n'apparaît que comme une expansion antérieure de la moelle; il est vrai que ces colosses ont disparu sans laisser de successeurs; les reptiles actuels peuvent encore donner une idée de ce rapport, il suffit pour cela de considérer par exemple la place laissée au cerveau derrière les puissantes mâchoires d'une tête de crocodile.

L'encéphale étant sans contestation l'organe des fonctions supérieures du système nerveux, sa prépondérance sur la moelle marque une tendance nettement accentuée vers l'apparition d'êtres plus autoactifs. Cette tendance est encore confirmée par les modifications que l'encéphale lui-même subit au cours des âges. Outre son accroissement par rapport à la moelle, ses dimensions absolues vont en augmentant à mesure qu'on le considère chez des représentants plus récents des mêmes groupes zoologiques. Le cerveau des espèces tertiaires est sensiblement moins développé que celui des espèces actuelles du même groupe; il y a donc augmentation de la masse cérébrale, ce qui équivaut certainement, toutes choses étant égales d'ailleurs, à un progrès analogue dans certaines fonctions du cerveau.

Celui-ci est composé de deux sortes d'éléments nerveux, formant les uns un système ganglionnaire très complexe, l'autre un système très particulier qui constitue les hémisphères. Or de même que la moelle se subordonnait à l'encéphale, la partie ganglionnaire de ce dernier se subordonne de plus en plus aux hémisphères ; si bien que chez l'homme, ceux-ci semblent représenter presque tout le cerveau. Le sens de cette transformation est bien indiqué par les modifications correspondantes que subissent en dernier lieu les relations de ces deux parties du cerveau avec les organes des sens. Non seulement les centres ganglionnaires en relation directe avec les organes des sens vont s'atténuant par rapport aux hémisphères, mais à leur tour leurs connexions directes avec ces organes diminuent au profit des connexions de ces mêmes organes avec les hémisphères. Cela signifie, sans doute, que la réponse aux excitations venues des organes des sens, tend à se faire de moins en moins directement par leurs centres ganglionnaires propres, mais à passer de plus en plus par ce centre supérieur si particulier et si complexe que représentent les hémisphères.

Ces derniers à leur tour deviennent le lieu de nouvelles modifications qui accentuent le pouvoir suspensif, organisateur et transformateur du cerveau. Il semble en effet, se former dans les hémisphères des zones de deux ordres, les unes en rapport avec les centres plus inférieurs, les autres qui paraissent n'avoir guère de rapport qu'entre leurs éléments et ceux de la première catégorie, qui ne sont par conséquent en rapport avec les centres ganglionnaires que par l'intermédiaire de ces derniers.

De tout ce qui précède, il résulte que dans l'évolution des vertébrés, nous pouvons retrouver les jalons d'une marche ininterrompue vers la formation d'êtres chez lesquels la prépondérance des hémisphères devient de beaucoup le trait dominant. Que signifie cette marche ?

Quand il s'agit de l'homme, personne ne songe à contester que les hémisphères ne soient le siège des phénomènes psychiques, en sorte que chez lui la prépondérance des hémisphères serait celle des impulsions psychiques sur les impulsions organiques [1]. Peut-on dire qu'il en est de même pour les autres vertébrés ? Inutile d'entrer ici dans une discussion sur les rapports psychiques de l'homme avec les animaux [2], il suffit pour le moment de mettre en évidence une fonction essentielle des hémisphères chez les vertébrés, même inférieurs ; ce sera répondre à la question : que signifie cette marche dans l'évolution cérébrale ? Une expérience assez simple et souvent répétée, va nous l'apprendre.

[1] N'y aurait-il, comme cela paraît probable, qu'une différence de degrés entre les phénomènes organiques et les phénomènes psychiques (phénomènes moraux ou de la personnalité exceptés), que leur distinction et sa valeur dans cette argumentation n'en subsisteraient pas moins, puisque les seconds sont au maximum chez l'homme et vont en décroissant dans la série animale qui précède ce dernier.

[2] L'intimité de ces rapports n'est contestée par aucun naturaliste et encore moins par ceux qui vivent en contact journalier avec les animaux supérieurs; la question ne se pose que pour ceux qui appliquent des vues théoriques à la nature.

Si on enlève à une grenouille ses hémisphères, elle continue à exécuter presque tous les mouvements dont elle était susceptible avant l'opération. Cependant il est facile de se rendre compte de la différence capitale qui distingue ces mouvements en apparence identiques. Après l'opération les mouvements ne se font plus que directement provoqués par une excitation extérieure *immédiate ;* ils ont, en un mot, totalement perdu le caractère de mouvements dits spontanés. Avec ses hémisphères l'animal peut agir sans qu'une excitation spéciale et directe vienne la provoquer du dehors, il paraît avoir en lui-même une source propre d'impulsions, peu nous importe pour le moment le mécanisme de ces provocations internes. Dans cette expérience, les hémisphères nous apparaissent donc comme l'organe de l'activité dite spontanée. Son développement dans le passé représente alors celui de la spontanéité chez les vertébrés, et sa prépondérance sur tout le reste du système nerveux, devient celle des mouvements spontanés sur les mouvements organiques ou directement provoqués par l'extérieur.

Il faudrait encore faire remarquer qu'il existe dans le cerveau des termes supérieurs de la série vertébrée, des dispositions vasculaires et nerveuses propres, qui paraissent assurer à la vie du cerveau une indépendance relative et lui donner encore, en tant qu'organe particulier, comme une sorte d'indépendance et même d'autoactivité. Cette dernière, si importante au point de vue qui nous occupe, paraît même nettement établie, si on veut bien donner toute sa valeur à un fait trop peu remarqué en général, c'est que le cerveau émet des fibres centrifuges dans les éléments sensoriels des organes des sens, par exemple dans le plexus de la rétine. Le cerveau semble donc pouvoir augmenter directement l'impressionnabilité de ces organes récepteurs, sinon les mettre en état d'impression, même en l'absence de toute excitation extérieure; ce que confirmeraient d'ailleurs les hallucinations visuelles des aveugles-nés, ou le fait bien constaté de la dilatation de la pupille à l'idée de distances plus ou moins grandes.

La nature nous montre bien clairement, semble-t-il, dans une série paléontologique très nette, une tendance fortement accusée à la production d'un centre indépendant et autoactif.

Cette conclusion est confirmée par la solution qu'elle fournit aussitôt un problème qui se pose aujourd'hui pour les biologistes. Nous avons vu plus haut que les animaux des temps géologiques avaient des cerveaux très sensiblement plus petits que ne les ont leurs congénères actuels. Comment expliquer ce fait? On ne peut admettre que les animaux éteints ne fussent pas pourvus des organes qui leur étaient nécessaires pour vivre comme les animaux correspondants d'aujourd'hui; il est évident pour tout paléontologiste, que si on avait pu les voir vivre, on n'aurait pas constaté au premier abord de différence dans le fonctionnement de leur système nerveux, pas plus qu'on ne le constate aujourd'hui entre des animaux à cerveaux très diversement développés ; chaque être est ce qu'il doit être pour les conditions particulières de son existence. Pourquoi alors constate-t-on une augmentation dans le volume de la masse cérébrale, et plus particulièrement dans celle des hémisphères, quand on compare des animaux du même groupe ayant vécu à des âges géologiques successifs ? Il faut nécessairement que cette augmentation corresponde à quelque avantage général. Or si les hémisphères sont un organe de spontanéité, il est facile de comprendre qu'il doive en être ainsi, puisque cette augmentation permet à l'animal de s'adapter à chaque instant aux circonstances, de faire usage de nouveaux moyens d'action qu'il peut imaginer, de remplacer par exemple la vitesse par la ruse, la force par l'adresse, et ainsi de suite. Pour vivre, il suffit à l'animal d'être pourvu de certains mécanismes nerveux dont l'expression psychologique est l'instinct ; ces mécanismes, même très compliqués, ne demandent qu'une quantité de substance nerveuse assez réduite, comme le cerveau des insectes en est la preuve ; mais pour faire plus que vivre, pour agir avec plus ou moins d'intensité, pour agir avec une certaine spontanéité, pour s'adapter par conséquent à chaque instant, pour faire du nouveau, il faut un mécanisme cérébral tout autrement complexe, et dont la formation exige la présence d'une masse cérébrale beaucoup plus considérable. Plus le réservoir est grand, plus sont grandes aussi les possibilités de combinaisons nouvelles, de choix, d'action spontanée. Les animaux anciens étaient vraisemblablement des automates plus ou moins parfaits, suffisamment adaptés aux conditions de vie qui leur étaient faites ; ils ont été peu à peu remplacés par des êtres dont le cerveau et en particulier les hémisphères plus développés, permettaient des associations cérébrales plus nombreuses et plus complexes à côté de celles de l'instinct proprement dit ; des êtres par conséquent plus autoactifs, manifestant une vie et une activité supérieures, où l'élément psychique, donc spontané, jouait un rôle de moins en moins effacé.

On peut à cet égard se demander si la longue incubation du type mammifère pendant la royauté des reptiles aux temps secondaires, n'a pas été le moment où se préparait ce trait si caractéristique du développement des hémisphères, sous l'influence du genre d'efforts qu'imposait à ces premiers mammifères leur faiblesse vis-à-vis de ce rameau reptilien à son apogée, et qui entraînait pour eux un déploiement toujours plus grand d'activité psychique. On me dira : c'est parce qu'ils avaient un cerveau à hémisphères plus développés qu'ils étaient capables de ces efforts plus psychiques ; cela est certain aussi, mais n'infirme pas le reste. Les origines premières nous échappent, et si on n'envisage les choses que dans le donné, il ne nous reste plus qu'à dire : cela est ainsi parce que cela est ainsi, ou parce que c'est la volonté du Créateur. Si au contraire nous essayons de trouver une loi de développement au *donné successif* que la nature nous montre avec évidence, nous ne saurons pas tout, mais nous aurons au moins une idée organique des choses, très approximative, mais plus vivante et par conséquent plus vraie. Il n'y a qu'une condition à réserver, c'est que le comment sur lequel nous essayons de jeter ainsi quelques clartés, ne se substitue en rien au pourquoi qui subsiste tout entier.

Avec cette entrée en scène d'éléments psychiques proprement dits, à côté de l'automatisme ou des instincts, nous voyons apparaître et se développer de vrais individus, définis par ce quelque chose qu'on appelle le caractère. Les représentants d'un groupe ne sont plus seulement la répétition identique et indéfinie d'un certain complexe d'instincts ; ils tendent à manifester, sous des formes de moins en moins indécises, ce trait si particulier qui introduit dans le monde le caractère individuel, et qui donne à ceux qui le possèdent, et dans la même mesure, une valeur *sui generis*. Chez l'homme ce trait l'emporte sur les autres, les éléments psychiques chez l'homme normal dominant les éléments instinctifs, comme les hémisphères le reste du cerveau.

Je n'ai jusqu'ici envisagé que le développement du système nerveux pour établir la direction générale de la poussée évolutive et rendre plausible l'activité propre des êtres paléontologiques ; mais de pair avec lui, il y en a d'autres qui l'accompagnent, le facilitent et confirment sa direction générale. Je ne parle pas seulement des organes des sens, dont l'évolution est liée à celle du cerveau ; mais d'autres qui en paraissent plus indépendantes. Celle par exemple des membres chez les mammifères qui aboutit au merveilleux instrument qu'est la main de l'homme, et à la station droite à laquelle Lamarck attribuait les plus grandes prérogatives pour amener la séparation de l'homme d'avec les animaux. Enfin l'évolution de la face et des mâchoires, qui permet à la langue de remplir des fonctions nouvelles, par lesquelles elle deviendra cet organe précis et merveilleux qui décuple au dedans et centuple au dehors le travail du cerveau, et permet les développements inouïs qui ont mis l'humanité si fort au-dessus de l'animalité, que la plupart des hommes ne veulent pas croire qu'un lien organique ait jamais pu les unir. Ces divers développements nous entraîneraient trop loin sans apporter des éléments bien nouveaux à la question.

De tout ce qui précède, n'est-on pas en droit de conclure que la nature tend à former des êtres de plus en plus indépendants et autoactifs, chez lesquels l'activité psychique spontanée et intelligente se développe à côté de l'activité psychique dite automatique et instinctive, de telle sorte qu'elle finit par l'emporter sur celle-ci dans un être où elle devient consciente d'elle-même ? Avant d'en arriver là, elle se manifeste dans l'activité propre des êtres paléontologiques, et, dès lors, celle-ci, qui semblait au premier abord si difficile à admettre, s'impose au contraire de toutes parts à ceux qui interrogent l'évolution du monde animal dans le passé à la lumière des faits présentés par les animaux actuels.

C'est donc bien dans les différentes étapes de cette activité, — étapes qui vont depuis les premiers moments de la vie élémentaire sur notre globe jusqu'à l'activité propre de l'être qui intervient directement dans le développement des organes par lesquels elle se réalise, — que nous trouvons une explication facile des phénomènes singuliers qui viennent briser la régularité théorique d'un développement progressif, d'une évolution rectiligne allant de la monère à l'homme, ou encore du déroulement ou de l'exécution d'un plan préconçu dans tous ses détails. Ainsi donc, une créature réelle intervenant par sa propre activité, obscure ou manifeste, dans son propre développement, voilà ce que nous impose la constatation de toutes les irrégularités, de toutes les contradictions, de toutes les malvenues, de toutes les régressions, de toutes les impasses qui caractérisent l'évolution de la vie pendant les âges géologiques.

---

## CHAPITRE V

# CONSÉQUENCES GÉNÉRALES

Avant de considérer l'évolution dans la nouvelle phase où la fait entrer l'apparition d'un être conscient de soi, il ne sera pas inutile de faire une incursion sur un autre terrain, pour y poursuivre certaines conséquences qui découlent des considérations précédentes.

L'homme est incontestablement le terme le plus élevé de la série paléontologique des vertébrés. Dès lors, si on considère celle-ci comme un moyen pour une fin qui serait l'apparition de l'homme[1], on aura donné une raison d'être au monde paléontologique ; et si dans le développement paléontologique du type vertébré, tout semble converger vers la formation d'un centre d'activité spontanée de plus en plus parfait, n'est-on pas en droit de supposer, que cette

[1] Toujours, et quelle qu'en soit l'origine, dans les conditions de notre monde.

spontanéité dont nous voyons se préciser les conditions organiques chez les mammifères, s'épanouit en liberté formelle dans le terme le plus élevé de la série, dans l'homme ?

Qu'on ne dise pas que c'est attribuer une origine bien basse à ce qui dans l'homme ne peut être qu'un don du ciel, car si Dieu, comme doit le croire celui qui ferait cette objection, peut créer une conscience dans l'organisme animal de l'homme, il peut tout aussi bien avoir créé un organisme qui se développe au point de devenir le lieu d'une conscience.

Pas plus dans un cas que dans l'autre, nous ne saisissons le rapport qu'il peut y avoir entre un organisme et la conscience de soi ; seulement dans l'un, le règne animal, qui a précédé la conscience, prend une raison d'être qu'il est absolument impossible de lui trouver dans l'autre ; ici on se contente de l'énumération d'actes miraculeux de création, là on tente une esquisse de l'histoire de la création considérée comme un acte organique du Créateur. Il y a donc avantage à prendre cette seconde position ; en langage religieux elle s'exprime comme suit : La succession des formes éteintes est le moyen voulu de Dieu pour créer l'homme, et la formation d'un centre animal de plus en plus autoactif est le moyen voulu de Dieu pour la création du moi humain.

Comment s'est fait ce passage ; c'est une autre question, pour la solution précise de laquelle les éléments nous manquent ; d'abord parce que nous ne pouvons juger que par analogie de ce qui se passe dans le centre animal, ensuite parce que nous ne pouvons observer que des animaux qui ne représentent pas les degrés supérieurs atteints par ce centre, comme nous le prouve la découverte de formes animales disparues, très sensiblement plus élevées que celles que nous connaissons ; par exemple, l'anthropopithèque de Java. Aucun naturaliste ne doute cependant qu'il n'y ait dans le centre cérébropsychique des animaux supérieurs, tous les éléments de ce qui existe chez l'homme : activité propre, souvenirs, images, jugements immédiats, idées rudimentaires, conscience de soi en tant qu'on se distingue des autres et des choses ; tout cela évidemment à l'état embryonnaire, enveloppé, obscur ; mais se manifestant avec évidence dans la vie des animaux supérieurs, tout particulièrement dans leurs jeux entre eux et avec l'homme. Lorsque l'animal simule des sentiments ou des actes, il faut bien qu'il se possède psychiquement dans une mesure très appréciable. Je ne parle pas de toutes les manifestations de dissimulation et de vengeance, de dévouement et d'affection, d'obéissance et de repentir et de toute cette activité propre qui se révèle dans des différences de caractères et qui introduit certainement, pour qui vit avec les animaux, de nouvelles combinaisons psychiques dans le donné immédiat, ainsi que le fait l'homme à un degré plus éminent.

Bien que nous ne puissions juger que par analogie,

ce qui est d'ailleurs le cas aussi quand il s'agit de nos semblables, il est très difficile de ne pas rapporter toutes ces manifestations à une vie psychique animale, et de ne pas donner à ces manifestations le même sens général que leurs analogues ont chez l'homme [1]. Si cela n'était pas, on ne comprendrait plus les rapports que nous avons avec les animaux ; le berger ou le chasseur pourraient-ils avoir avec leurs chiens des rapports si intimes, si suivis et toujours réciproquement compris ? Il faut bien qu'il y ait identité de processus psychiques, comme la ressemblance des organes nerveux centraux et périphériques le rend probable, et comme le confirme l'identité de conduite et d'attitude dans les mêmes conditions extérieures. Que serait-ce si nous vivions dans l'intimité des singes anthropomorphes comme nous vivons dans celle des chiens par exemple, *a fortiori* si nous avions pu entrer en rapports avec leurs congénères fossiles de Java ? Que seraient enfin ces rapports s'il ne s'agissait plus de nous, hommes de race blanche du vingtième siècle, mais de nos ancêtres du quaternaire dont on exhume çà et là les restes, si extraordinairement suggestifs par leurs caractères subhumains ?

Ce que nous avons appelé la spontanéité chez les animaux serait donc de même nature que ce que nous désignons par activité volontaire chez l'homme ; et la différence si grande qui les sépare, résiderait tout

[1] C'est en tout cas avec cette certitude de fait que se conduisent tous ceux qui commercent avec les animaux.

entière dans les transformations attribuables au caractère personnel et social qui marque ce qui est humain, et l'élève infiniment au-dessus de sa manifestation élémentaire et simplement individuelle chez l'animal.

Cette origine de la liberté humaine, loin d'en diminuer la valeur, semble le seul moyen de pouvoir l'affirmer autrement que verbalement. Si la liberté doit avoir un sens, il faut que, comme tout autre phénomène psychique, elle ait ses racines dans l'organisme, sinon elle reste une sorte de don surajouté à la nature de la créature, et qui ne saurait faire corps avec elle, puisque, d'un côté, un organisme ne peut s'accroître que de ce qui procède de lui, et que, de l'autre, l'être personnel ne pouvait s'assimiler un tel don que par un acte de la liberté même que ce don devait lui apporter.

D'ailleurs ce don serait-il possible, que même alors la liberté serait affirmée dans les mots plus que dans la réalité, par la bonne raison qu'on ne saurait parler de liberté réelle que là où les conditions psychologiques du choix existent déjà. Celles-ci ne peuvent être données du dehors, il faut qu'elles dérivent directement de l'être lui-même ; sans cela ce n'est pas lui qui se déterminerait, mais il serait déterminé par le don même de ces conditions venues du dehors. Pour qu'il y ait liberté, c'est-à-dire détermination de l'être par lui-même, dans une autonomie véritable, il faut que les motifs, les mobiles et tout ce qui peut entrer dans l'activité psychique dont le résultat est ce que nous appelons un acte libre, au sens courant, — il faut que tout cela jaillisse du plus profond de l'être, comme le produit de sa propre activité psychologique consciente et subconsciente. Il faut que l'être ait des raisons d'agir, à lui propres, sans cela il n'est qu'un instrument entre les mains de qui les lui donne.

Or, et c'est ici le point capital, ces raisons d'agir il ne peut les avoir à lui que s'il a derrière lui un passé d'activité. Il faut donc que par une activité psychique antécédente, il ait préparé lui-même, dans une mesure que je n'ai pas à examiner dans ce moment, les conditions psychologiques des phénomènes que nous appelons activité libre. Mais une pareille activité ne saurait se distinguer de celle que nous avons inféré devoir être attribuée au centre cérébropsychique de l'animal. La formation de ce centre est donc la préparation à la fois d'une puissance qui s'affirmera elle-même et d'un organisme psychique d'où procédera ce que nous appelons la raison, avec cet arrière-fonds de subconscient et d'inconscient qui l'accompagne toujours, et dont on fait grand jeu aujourd'hui. Il y a là réunies toutes les conditions qui rendent possible l'existence et le fonctionnement réel de ce que nous appelons la liberté formelle et dans une large mesure du pouvoir de se déterminer soi-même.

Le processus par lequel nous avons vu se former le centre animal, vient appuyer cette conclusion. Ce qui le caractérise, en effet, c'est la tendance à faire intervenir dans la mise en activité de l'être, une part toujours plus grande de sollicitations intérieures et de nature de plus en plus psychique : excitations du dehors emmagasinées et composées, mais qui, en fait, sont transformées par un procédé qui nous échappe, en souvenirs-impressions, puis en souvenirs-images, puis en souvenirs-idées. Dans l'ordre de l'activité spontanée de l'être, ces transformations tendent à substituer le mobile ou le motif à la sensation, c'est-à-dire à permettre une toujours plus grande et plus réelle activité de l'être. Plus le réservoir d'impressions emmagasinées et transformées aura de capacité et mieux il sera fourni, plus l'autonomie de l'activité de l'être sera possible, s'accroîtra, deviendra complète. C'est ce qui explique que cette autonomie suive les transformations et le développement des hémisphères, et que la perfection de ceux-ci reste la condition de ce qu'on désigne communément par le terme d'activité libre.

Ces observations mettent en évidence la raison profonde pour laquelle nous voyons le développement des mammifères caractérisé avant tout par la formation d'un encéphale où les hémisphères prennent une place toujours plus prépondérante. Que représentent en effet ces hémisphères, si ce n'est le lieu[1]

[1] Je reste encore ici sur le terrain de l'observation tout extérieure, en dehors de toute question relative aux localisations fonctionnelles du cerveau et du problème encore inabordable des rapports du psychique et de l'appareil nerveux.

d'une accumulation toujours plus inouïe, et absolument incompréhensible pour nous, d'impressions emmagasinées, d'associations complexes, d'images motrices, de jugements simples qui se transforment chez l'homme en idées et en jugements proprement dits. Et cette accumulation d'éléments psychiques est le résultat de l'activité cérébrale de tous les êtres qui ont été dans la lignée qui aboutit à l'homme, lignée parfaitement inconnue pour nous dans ses éléments individuels, mais non dans les grandes étapes de l'organisme vertébré. Sur les êtres qui l'ont formé des milliers d'influences se sont exercées, qui ont amené chez eux des actions et des réactions dont ils portent la trace dans cela même qu'ils sont devenus. Tout ce qui dans ces réactions était purement organique a contribué au développement des formes en général ; mais tout ce qui a eu une part, si petite soit-elle, dans l'activité psychique de l'être, a plus ou moins laissé une trace dans l'encéphale, et a contribué à constituer peu à peu cet organisme psychique dont le cerveau de l'homme est aujourd'hui le support merveilleux.

On pourrait aller plus loin et demander si le monde extérieur lui-même, dans la manière dont il se présente à nous, n'est pas aussi le produit de cette activité. Quelque idée qu'on se fasse sur l'objectivité ou la subjectivité du monde extérieur, il n'en reste pas moins que la manière dont nous le voyons est fonction de nos organes nerveux périphériques et centraux ; qu'il y a par conséquent, entre le développement de ceux-ci et la formation du monde extérieur de notre perception une relation singulière, réciproque peut-être, mais qui pourrait bien aller jusqu'à celle de cause à effet. Avec les variantes que comporte la prédominance de tel sens sur tel autre, les mammifères supérieurs voient le monde comme nous [1], puisqu'ils se comportent identiquement comme nous vis-à-vis de lui. Sans insister, on pourrait dire que l'évolution cérébropsychique des mammifères, a eu pour résultat non seulement de former l'organe cérébropsychique de l'homme, mais encore d'y édifier l'image du monde extérieur qui détermine notre activité et nos relations avec lui, c'est-à-dire toute notre vie extérieure [2].

Je n'ai pas besoin d'ajouter que si l'activité animale antérieure à l'homme a eu sa large part dans la constitution de l'organisme cérébropsychique transmis à l'homme, et, dans cet organisme, de l'image du monde de notre perception, — j'entends chez les premiers hommes, car nous avons singulièrement développé l'un et l'autre — il en résulte que les lois de notre entendement, les catégories de notre raison ont, pour une part, leur point d'origine dans cette même activité

[1] Au point de vue pratique, s'entend.

[2] La conclusion subsisterait sur un terrain tout à fait idéaliste, puisque la quantité objective, ou les phénomènes physiques, et la qualité subjective, ou nos impressions, seraient remplacés par les expressions : loi des phénomènes et loi de la pensée, lesquelles se trouveraient toujours dans le même rapport entre elles, c'est-à-dire entre l'homme et la nature.

animale. L'organisme cérébropsychique de l'animal est comme la synthèse de toutes les actions et réactions de l'être pendant toute la durée de l'évolution du système nerveux, il conserve l'empreinte de toutes les impressions reçues, de toutes les réponses données ; il est comme formé par un plexus, indéchiffrable pour nous, de tous ces entrecroisements, de toutes ces associations, de toutes ces transformations. Entre tous ces éléments divers vus sous l'angle psychique, il s'est constitué comme un *modus vivendi*, qui s'exprime pour nous dans des lois, dont la base est physiologique, si l'on veut, mais où se sont fixés, comme qui dirait les habitudes prises sur cette base par les actions et réactions où la spontanéité animale avait sa part. Ce sont ces lois *a posteriori*, par conséquent conformes à la nature des choses qu'elles ne font qu'exprimer, dont l'homme a pris conscience en entrant en possession du trésor accumulé dans son organisme cérébropsychique par les générations ancestrales, puis qu'il a transformées dans le mode personnel pour en faire cet admirable organisme de notre raison, où les éléments nécessaires et contingents s'entremêlent inextricablement pour nous aujourd'hui.

Attribuer à l'activité des êtres paléontologiques un rôle aussi prépondérant dans les conditions d'origine de l'esprit humain, n'est pas une affirmation qui aille sans soulever d'opposition. Les objections proprement dites se résument dans le dilemme suivant :

Ou ce que vous appelez l'activité propre des créatures qui ont précédé l'homme, est déterminé par d'incalculables antécédents psychiques et physiologiques, et alors leur prétendue spontanéité n'est qu'une forme du mouvement vital qui les animait et que les savants ramèneront quelque jour à des actions naturelles; ou, si l'on admet chez les animaux une spontanéité réelle, bien qu'encore inexplicable, et qui constitue l'essence même de la vie animale, alors cette spontanéité ne pouvant être supposée ni intelligente dans les animaux inférieurs, ni vraiment consciente dans les animaux supérieurs comme elle l'est chez l'homme, c'est l'accident ou tout au plus le caprice, qui se trouve devenir un des principaux facteurs de la marche de l'évolution dans les stades les plus élevés.

Il n'y a rien à répondre à la première partie du dilemme, puisqu'elle supprime les rapports que nous cherchons à expliquer entre l'homme et les animaux paléontologiques. Elle fait en effet des uns et des autres le simple lieu des phénomènes du seul ordre qu'elle suppose, et dans lequel pas plus l'activité de l'homme que celle des animaux, ne peut avoir de réalité, ni de valeur. Inutile d'ailleurs de répondre longuement à cette objection, aussi longtemps que ceux qui se laissent prendre à une théorie aussi simpliste, ne nous auront pas expliqué pourquoi tous les hommes et eux les premiers, non seulement vivent leur vie pratique, mais même construisent leur théorie avec des opérations qui vont à l'encontre de cette manière de voir. C'est évidemment sur l'observation des phénomènes présentés par la vie dans ses manifestations les plus élevées — ou les plus complexes, si l'on veut exclure toute idée de valeur — que nous cherchons les uns et les autres à comprendre sa raison d'être. Ces manifestations sont liées à des processus mécaniques, chimiques ou autres, que nous devons chercher à pénétrer, mais, comme on l'a fait observer depuis longtemps, ces manifestations ne sont pas équivalentes à ces processus, car verrait-on ce qui se passe de mécanique, de chimique, d'électrique, etc., dans le cerveau, qu'on n'y verrait pas la pensée concomitante. Jusqu'à plus ample informé, les phénomènes psychiques constituent un ordre particulier, dont nous avons le droit de rechercher le développement dans l'évolution qui a fait sortir l'homme de l'animalité.

Reste alors le caractère accidentel, arbitraire, capricieux, qui paraît attaché à toute spontanéité purement animale. Je ne conteste pas ce caractère, dont les analogues ne seraient pas difficiles à retrouver chez les représentants inférieurs de l'humanité, je demande seulement en quoi cela infirmerait le rôle que nous avons attribué à l'activité des animaux dans la marche de l'évolution. Ce rôle, en effet, n'est pas dû à leurs actions comprises sous l'angle de la finalité, mais simplement sous celui de la contingence. Il consiste à introduire dans le monde des possibilités de choix; que celles-ci commencent par l'accident et le caprice, cela importe peu, puisque ce caractère ira s'atténuant dans la mesure où l'être qui agit deviendra plus capable d'une certaine réflexion et d'un certain empire sur lui ; il suffit que lorsque l'être capable de se saisir lui-même comme sujet paraîtra, il trouve tout préparés dans l'organe cérébropsychique que lui légueront ses ancêtres, les éléments d'une détermination qui sera bien sienne.

Nous l'avons déjà remarqué, l'activité des animaux qui ont précédé l'homme offre au théisme le seul moyen d'entrevoir comment un Créateur a pu préparer indirectement les conditions d'une liberté, relative si l'on veut, mais très réelle, et suffisante pour assurer le sentiment de responsabilité nécessaire au développement propre de l'humanité, insuffisante cependant pour que l'œuvre de ce Créateur puisse être entièrement compromise par cette liberté même.

D'ailleurs si les faits paléontologiques interdisent aujourd'hui au théisme de regarder le Créateur soit comme artisan direct de tout le règne animal en ses divagations, soit comme le spectateur impassible de la réalisation d'un plan arrêté dans toutes ses parties, il faut bien qu'il accepte un certain flottement dans les choses et l'existence d'agents réels avec lesquels le Créateur doit compter, ou plutôt qui sont voulus de lui précisément pour arriver à ses fins. Immédiatement avant l'homme, dont personne ne conteste très sérieusement qu'il ne soit un agent réel dans la nature, les animaux fossiles offrent, en tant qu'ils ont été des organismes vivants, les conditions requises pour une double coopération de la créature et du Créateur.

En dehors de toute métaphysique relative aux principes premiers, un organisme qui se développe tend par sa nature même à l'autonomie ; un organisme vivant est donc, et tend à devenir de plus en plus nettement, un agent réel dans la nature. On l'oublie trop facilement dans les discussions relatives à ces questions. Notre esprit est dominé par l'idée du seul mode d'activité objective qui soit permis à l'homme. Celui-ci ajoute ou retranche, superpose ou modifie des éléments donnés, il construit des mécanismes fort complexes et que dans certains cas on pourrait appeler des pseudo-organismes ; mais le monde de la vie, qui est en propre celui des organismes, lui reste inaccessible. De là une tendance invincible à tout juger mécaniquement, et à laisser dans l'ombre ce qui caractérise absolument les organismes : d'être toujours le produit du développement propre d'un germe individualisé.

Dans la question qui nous occupe ce caractère implique que, dans un organisme vivant, toute modification apparaisse comme le produit d'un développement du dedans au dehors. On ne peut donc agir sur un organisme qu'en provoquant sa réaction ; ce qu'on voudrait lui ajouter du dehors lui reste étranger ou en est rejeté, à moins qu'il ne le fasse véritablement sien par un travail d'assimilation caractéristique des organismes vivants.

Les êtres paléontologiques dont la succession, ininterrompue pendant des milliers de siècles, montre la plasticité, étaient, surtout à la naissance des rameaux divergents, susceptibles de réaction plus encore que les êtres d'aujourd'hui, tous types plus ou moins fixés ; ils pouvaient donc tout naturellement être amenés à se modifier par leurs réactions propres sous certaines influences, et à faire jaillir ainsi des profondeurs même de l'être tout développement nouveau.

Toutefois, comme il ne peut sortir d'un être que ce qui y est renfermé sous une forme ou sous une autre, il faut pour que leur spontanéité puisse s'exercer, qu'il y ait en chacun d'eux une somme de virtualités suffisante pour satisfaire à toutes les provocations possibles. Pour le théiste ces virtualités complexes et innombrables sont voulues par le Créateur, comme telles et comme condition même de la forme d'évolution qu'il a donnée à son activité créatrice. La réalisation de telle de ces virtualités plutôt que celle de telle autre, est laissée à l'activité propre de la créature qui, même en faisant aussi grande qu'on voudra la part de l'automatisme, trouvera à s'exercer dans un nombre de cas suffisants, pour assurer à cette activité un rôle véritable dans la formation du centre cérébropsychique qui permettra l'apparition de l'être personnel. Elle s'exercera, en effet, obscurément d'abord à la naissance même des automatismes particuliers, puis plus nettement dans la vie de plus en plus individuelle des animaux supérieurs.

D'un autre côté, comme le Créateur doit arriver à ses fins par l'activité même de la créature, il faut qu'il ait un moyen de diriger en quelque manière cette activité, tout en lui laissant son caractère de spontanéité vraie. L'homme peut provoquer certaines réactions des organismes vivants et les diriger dans la mesure bien infime encore où il les connaît ; c'est sur ce pouvoir que reposent l'élevage, la sélection, les cultures. Le Créateur qui connaît les ressorts les plus intimes des organismes, a-t-il, *mutatis mutandis*, employé des procédés analogues pour amener les organismes disparus à se modifier par eux-mêmes, de manière à assurer dans ses très grandes lignes, la marche, d'ailleurs irrégulière et capricieuse de l'évolution, vers un but déterminé ? C'est possible, mais nous n'avons aucun moyen de nous en assurer.

L'observateur constate une seule chose évidente dans la nature, c'est que tout semble s'y faire par le seul jeu des actions et réactions des êtres eux-mêmes ; cela le conduit à chercher dans la nature elle-même le régulateur de l'évolution et des dispositions qui atténuent ou tendent à faire disparaître le caractère purement accidentel et capricieux de la spontanéité animale, dont on nous accusait naguère de faire, sous une forme simpliste, le facteur prépondérant de l'évolution.

Déjà le monde inorganique nous fait entrevoir un

ensemble si admirable de lois d'équilibre, de compensation, de restauration, de régulation, qu'il nous apparaît comme un mécanisme apte à s'entretenir et à se réparer par les réactions de ses éléments [1]. Dans le monde organique, les lois qui harmonisent les rapports des êtres entre eux et avec leur milieu, sont bien plus étonnantes encore. Nous entrevoyons çà et là quelques-unes de ces corrélations merveilleuses et imprévues, mais la plupart nous échappent encore en raison de leur extrême complexité; nous en savons cependant assez pour voir que l'harmonie de l'ensemble est le résultat de l'activité de chacun.

On pourrait dire, et on ne s'en est pas fait faute, que cette admirable harmonie a été établie une fois pour toutes par le Créateur, en sorte que chaque être exécute un air rigoureusement déterminé dans le vaste concert de la nature. Au point de vue du théisme, cela serait à la rigueur admissible s'il n'y avait que le monde actuel à considérer, comme cela a été le cas dans les siècles passés; mais aujourd'hui, il faut que le théisme compte avec la paléontologie et tout le passé géologique de notre planète, et la question se pose des rapports du Créateur avec la créature pendant l'évolution de celle-ci.

Si l'on admet qu'il lui fait a parcourir la longue route que nous retrace la géologie, en agissant immé-

[1] C'est la vue exclusive de ces dispositions, qui est le fondement positif des théories de création naturelle fort en vogue dans certains milieux.

diatement sur elle, à supposer que cela se puisse, on fait de la créature un produit; elle n'est plus pour rien dans ce qu'elle devient, et toute la responsabilité de ses déviations repose sans atténuation sur le Créateur. Il en est de même encore si le progrès de la créature est immédiatement provoqué par Dieu ; le caractère des organismes paraît, il est vrai, respecté, et le résultat peut être considéré comme un développement de la créature; mais celui-ci étant provoqué à la manière dont les hommes peuvent le faire, la responsabilité divine est encore trop directement en jeu. Il faut donc stipuler que le progrès n'est provoqué que tout à fait indirectement par le Créateur, précisément par des dispositions qui ne sont plus, comme dans le monde inorganique, simplement des lois de compensation, de restauration, de régulation, mais qui forment tout un ensemble complexe de rapports que nous ne faisons qu'entrevoir dans les phénomènes d'adaptation, par exemple, et où entrent en jeu des actions du milieu, des réactions de l'être, des tendances de celui-ci traduites par des phénomènes psychiques, élémentaires d'abord, puis de plus en plus complexes, de besoins, de plaisir, de souffrance, etc.

Ce qu'on est convenu d'appeler le mal physique ou plus exactement le mal naturel, c'est-à-dire tout ce qui exerce sur les créatures une action contre laquelle elles se défendent, résumerait en quelque sorte ces dispositions par lesquelles le Créateur agit indirectement sur la créature amorale encore. Il y aurait là comme une loi amorale attachée à une activité amorale, loi non seulement perçue comme douleur quand elle est violée, mais surtout entraînant des arrêts de développement, des rétrogradations, des dégénérescences diverses et jusqu'à l'élimination de l'être qui ne s'y conforme pas. Loi de progrès par conséquent aussi, paralysant ou supprimant d'un côté ce qui ne répond pas ou ne répond plus à un certain ensemble à un moment donné de l'évolution, stimulant de l'autre la créature et la poussant par les énergies que la lutte met en branle, vers un nouveau développement de ce qu'il y a de plus élevé en elle, le centre cérébropsychique ; car tout effort a toujours son point de départ comme sa répercussion dans ce centre.

Il faut remarquer ici que la souffrance n'existe qu'en raison du développement de la sensibilité et de l'intelligence de l'être. Dès lors le mal naturel n'entraîne la souffrance proprement dite que dans les êtres déjà assez élevés, ceux précisément où le développement du centre cérébropsychique réclame une loi qui sollicite son activité tout en respectant son autonomie. La souffrance est donc la forme psychique de la loi dont nous verrons plus loin l'obligation être la forme morale ; l'une et l'autre, formes supérieures de la loi générale de l'être vivant, qui l'empêche de s'immobiliser dans les stades de la vie élémentaire, et dans laquelle nous devons voir l'expression de la poussée générale de l'évolution, adaptée successivement aux différents ordres atteints par cette dernière. D'ailleurs une loi qui dans le monde de l'animalité assure le triomphe du plus apte psychiquement, ne saurait être d'une autre nature que celle qui, dans le monde moral, élève le meilleur. Pas plus dans un monde que dans l'autre, le progrès n'est évident pour chaque cas particulier, mais le résultat n'en apparaît pas moins dans l'ensemble. Il n'y a pas jusqu'à la mort elle-même, généralement considérée comme la dernière expression du mal naturel, qui ne vienne apporter son concours à cette loi de perfectionnement naturel du centre cérébropsychique, en permettant, par le renouvellement continu et incessant des générations, à une plus grande somme d'activité psychique utile de se produire.

Ces considérations suffiront, je pense, pour laisser entrevoir comment le centre cérébropsychique de l'animal a pu, sous la pression des circonstances, se développer dans une réelle mesure d'une manière autonome. Je ne parle ici que du centre cérébropsychique, et encore chez les animaux supérieurs, là où le psychique joue un rôle évident. Mais la loi reste générale, car il faut bien qu'il y ait chez les prédécesseurs des animaux supérieurs les éléments de ce qui se manifeste avec évidence chez ceux-ci ; seulement il suffit à notre dessein, que le travail psychique sollicité par toutes les circonstances extérieures, et la loi du mal naturel inhérente aux organismes, amènent le développement du centre cérébropsychique et le conduisent au point où il faut le supposer pour l'apparition d'un être personnel dont les déterminations qui le feront homme, soient autant que possible indépendantes de l'action directe d'un Créateur.

Que les théistes se rassurent, cette manière de voir n'annihile pas le rôle du Créateur au cours de l'évolution ; seulement comme nous n'avons aucun moyen de le constater, ni de contrôler ses effets, ce rôle reste un postulat religieux, légitime et même nécessaire. Tout ce qui précède vient l'appeler, en ce sens qu'une action directrice de Dieu a sa place naturelle dans une conception de l'évolution où l'activité contingente des êtres est mise au premier rang, et que dès lors le but, atteint en fait, ne l'est plus nécessairement, comme dans les théories de l'évolution conçues sur le type mécaniste ou finaliste. Le théiste doit dire : le Créateur atteint le but qu'il s'était proposé non plus directement, mais en utilisant l'activité réelle qu'il a donnée à sa créature.

Je sais bien que c'est la réalité de cette activité qui est la grande difficulté ; en sorte que malgré les faits qui nous l'imposent comme facteur de l'évolution, malgré les clartés qu'elle projette sur certaines questions graves de théodicée, d'excellents esprits ne peuvent se résoudre à accorder aux animaux une spontanéité vraie, réelle dans ses effets, et plus ou moins réfléchie et consciente chez les plus supérieurs.

Qu'ils veuillent bien remarquer cependant que cette spontanéité est admise en fait et sans hésitation, par tous ceux qui sont en rapports constants avec les animaux ; et je le rappelle, ces animaux, quelque supérieurs qu'ils soient, ne le sont que relativement, puisqu'ils ont au-dessus d'eux les anthropomorphes et leurs congénères disparus.

D'ailleurs pourquoi une spontanéité réelle serait-elle plus difficile à admettre chez les animaux que la liberté formelle chez l'homme? — la question d'une vraie liberté morale chez l'homme actuel restant réservée. — Il faut pour l'une et pour l'autre, la même condition expresse d'un rigoureux déterminisme anatomique et physiologique des enchaînements de mouvements ; elles sont toutes deux sous la dépendance d'une même harmonie préétablie de possibles dans les virtualités dont je parlais plus haut. Ce déterminisme et cette harmonie préétablie, loin d'enchaîner l'activité propre de l'être, que celle-ci apparaisse sous la forme de spontanéité animale ou sous celle de liberté formelle humaine, lui permettent, au contraire, dans la mesure voulue, d'être vraiment cause, en rendant réel tel possible à l'exclusion de tel autre, c'est-à-dire en greffant par son action propre des séries nécessaires, mais nouvelles, sur des enchaînements déjà engagés. A vrai dire les animaux sont presque en totalité les épanouissements de ces derniers, on ne peut exiger que leur activité propre, même celle des plus supérieurs, soit aussi indépendante de leur organisme qu'elle l'est chez les hommes, où elle ne l'est encore que bien relativement, même chez les plus libres; car chez ceux-ci les actes qui leur appartiennent vraiment et en entier, restent, en tout état de cause, bien rares.

Le naturaliste anglais Huxley disait : « Notre volonté compte pour quelque chose parmi les conditions qui déterminent le cours des événements. » La spontanéité animale n'est pas une volonté, mais telle qu'elle est, elle semble de plus en plus, surtout en ce qui concerne les êtres disparus, avoir compté pour quelque chose dans le cours des développements de l'organisme cérébropsychique qui ont préparé, pour le dernier terme de l'évolution animale, l'avènement du pouvoir de se déterminer soi-même.

L'évolution, telle qu'elle paraît devoir être déterminée toujours davantage par l'étude de la chose naturelle qu'elle désigne, est donc bien foncièrement, ainsi que je le disais, une doctrine de liberté.

Il y a longtemps que les chrétiens auraient dû s'en douter, puisqu'ils n'avaient qu'à reporter à l'activité créatrice de leur Dieu, le mode d'activité que leurs livres sacrés lui attribuent dans l'œuvre de la rédemption ; mais ils étaient aveuglés par une certaine interprétation du premier chapitre de la Genèse, dépendante d'une philosophie et de préjugés qui leur faisaient méconnaître la nature. On ne voyait qu'une chose ; d'un côté les phénomènes spirituels, de l'autre les phénomènes mécaniques, sans voir ce qui est entre eux et les relie en un même tout, la vie[1]. Plus qu'à

[1] Le domaine de la vie, placé entre ceux du mécanisme et de la raison sur lesquels nous estimons avoir des clartés précises, apparaît comme une région obscure pour la connaissance. De ce fait, il y a tendance chez les esprits épris de clarté logique, à le méconnaître et même à le faire évanouir au profit de l'un des deux autres ou des deux à la fois.

personne cependant, il revenait aux chrétiens de proclamer le Dieu de la vie, et de comprendre que si lui, le Vivant, a créé des vivants pendant des siècles avant l'apparition de l'homme, il devait y avoir à cela une raison profonde, qui ne semble pouvoir être autre que celle de préparer ainsi les conditions d'une vraie liberté morale, en dehors de laquelle la vie humaine ne saurait avoir ni sens, ni valeur.

Aujourd'hui l'étude de la vie va s'imposant; les uns, en cherchent une explication mécaniste, les autres, une explication idéaliste. J'applaudis à ces efforts, qui aboutiront : les premiers à nous faire pénétrer plus avant dans le mécanisme merveilleux des phénomènes vitaux, les seconds à mettre en évidence l'impossibilité de soumettre la vie à la logique et à son déterminisme. De tout ce travail ressortira plus resplendissant le *quid proprium* de la vie, ce miracle de la création que la biologie et surtout la paléontologie, nous amènent à regarder de plus en plus comme une puissance [1] qui à travers le règne animal, vient s'épanouir dans la vie psychique, sur laquelle à son tour s'édifie la vie morale de l'homme. Celle-ci, fin de l'évolution naturelle, ouvre la voie à une nouvelle phase de l'évolution, qu'il nous reste à examiner.

[1] Volonté générale objective du Créateur.

## SECONDE PARTIE

# L'ÉVOLUTION ÉTHIQUE

---

## CHAPITRE VI

## L'ÉVOLUTION HUMAINE EN GÉNÉRAL

L'évolution a introduit sur sa propre scène un facteur qui lui ouvre une ère nouvelle. Elle va s'y engager, en laissant loin derrière elle la route jalonnée par tous ses produits, qui, de près ou de loin, ont, à un moment donné, directement ou indirectement, joué leur rôle dans la préparation des conditions, puis dans la formation du centre cérébropsychique de l'animal. Le chemin suivi est allé se rétrécissant; de la vie en général, il avait été réduit aux vertébrés, puis aux mammifères seuls; il se résume maintenant dans un être qui, par la conscience qu'il prend de soi dans ce chef-d'œuvre de l'évolution naturelle qu'est son organe cérébropsychique, semble appelé à faire aboutir la poussée de l'évolution vers la perfection de l'être vraiment indépendant, parfaitement autoactif et autonome, en pleine possession d'une vraie et complète *maîtrise de soi*.

Par définition, cette dernière ne peut être que le résultat de l'activité incessante de l'être qui la possède. Il faut donc qu'au sommet du règne animal apparaisse un être capable de conquérir cette puissance sur lui-même.

Nos connaissances sur la structure intime et le fonctionnement de l'encéphale de l'homme comparé à celui des anthropomorphes, sont encore trop peu avancées pour que nous puissions nous laisser aller à des inférences bien sérieuses sur ce qui, organiquement, a permis l'apparition de cet être, que, pour plus de précision, nous appellerons l'*animal personnel*[1]. Nous ne pouvons qu'*a posteriori* voir ce à quoi il était apte, en constatant que seul et le premier, il a franchi le seuil contre lequel venait buter jusqu'alors l'animalité, et qu'il est devenu l'homme.

Autant que nous pouvons en juger, le centre des animaux supérieurs tend incessamment — *a fortiori* devait-il en être ainsi pour les termes supérieurs de l'animalité aujourd'hui disparus — à se saisir lui-même ; mais il retombe sans cesse, impuissant qu'il est à s'élever au-dessus de son organisme ; celui-ci

[1] Cette appellation, qu'on pourrait discuter, marque le caractère de transition très spécial de cet être, et même, par l'opposition de ces deux termes, son caractère essentiellement transitoire. Comme la suite le montrera, le mot personnel doit être pris ici dans le sens où il le serait appliqué à un petit enfant.

submerge toujours sous le flot de ses activités propres toutes ces velléités d'affirmation de soi, avant même qu'elles aient pu arriver au jour. Sur un seul point, (en raison de quelque développement ou perfectionnement sur lequel les faits nous permettront peut-être un jour de préciser quelques inférences,) ce stade où en reste l'animal a été dépassé et un centre animal perfectionné s'est affirmé dans une forme nouvelle. L'animal personnel a fait son apparition au sommet de l'animalité, pour s'élever du même coup infiniment au-dessus d'elle.

Dans une affirmation de soi, en effet, il y a le germe de tout un monde nouveau. Le sujet et l'objet étaient bien représentés dans le centre animal, mais ils s'y trouvaient à l'état d'indifférence, sans action l'un sur l'autre; maintenant ils vont se trouver opposés l'un à l'autre, et saisis comme tels dans la conscience qu'un sujet prend de lui-même dans le mot *moi*. Une simple affirmation de soi, quelque obscure qu'on la suppose, comme chez le petit enfant, est grosse de conséquences; elle est l'origine de tout un ensemble de relations spéciales et inédites entre les éléments psychiques accumulés dans le centre animal et qui transforment celui-ci en quelque chose de tout à fait nouveau dans le monde.

Par quelles phases psychiques a passé l'animal personnel pour devenir homme au cours des derniers âges paléontologiques, c'est ce que nous ne saurions dire aujourd'hui autrement que par analogie avec ce qui se passe de très semblable sous nos yeux dans le développement de l'enfant pendant les premières années de son existence. Avant que l'enfant arrive à dire *moi*, il y a chez lui un lent travail dans lequel un élément qu'il faut bien, faute de mieux, appeler personnel, joue son rôle ; avant de s'être saisi comme sujet, l'enfant agit psychologiquement comme tel. Ce travail reste encore parfaitement obscur pour nous ; mais puisqu'il aboutit au moi, il faut bien qu'il ait été personnellement déterminé. Tout ce que nous pouvons en dire pour le moment, c'est qu'en dehors de l'organisme cérébropsychique dans lequel se trouvent réunies les conditions nécessaires à ces transformations, le principal agent observable pour nous, c'est la parole qui fixe et immobilise certains états psychiques et leur donne une indépendance relative et comme une existence objective. Il en résulte la possibilité d'oppositions, de rapprochements, de déterminations impossibles jusque-là, parmi lesquelles, au premier rang, l'état d'objectivation du sujet et de toutes ses modalités par rapport à lui-même. Tout ceci complété, accru, infiniment multiplié et perfectionné par l'action du milieu familial et social, dont la parole fait un instrument merveilleux de développement psychique.

Sans entrer dans plus de détails, il suffit à notre dessein de constater que l'enfant, après s'être désigné lui-même par un geste d'abord, par un nom ensuite, passe brusquement de la troisième personne à l'affirmation de lui-même dans le pronom *je* [1]. Il se distingue dès lors comme sujet, et affirme cette distinction dans un *moi*, opposé aussi bien à son propre organisme qu'aux autres et au monde extérieur.

Quelque chose d'analogue [2] a dû se passer, lorsqu'au sommet de la série des mammifères l'être que j'ai appelé l'animal personnel a fait son apparition et s'est transformé en homme. Le centre animal a pris conscience de lui, et tout d'abord de ce qui le caractérisait le plus éminemment, son autoactivité ou sa spontanéité. Celle-ci, plus ou moins obscurément consciente jusqu'alors, s'est dès lors saisie elle-même comme une activité autonome, et l'être en s'affirmant s'est avant tout affirmé comme une conscience active et une activité consciente. Dans l'animal personnel, c'est bien la spontanéité animale qui s'affirme en liberté formelle. Quand cette affirmation sera arrivée [3] à une

[1] Chez certains enfants très intelligents ce passage est quelquefois difficile à surprendre ; il y aurait là comme une tendance à l'abréviation, analogue à celle qu'on observe en embryologie. Il y a, du reste, chez l'homme analogie entre le développement embryonnaire et celui du moi ; le premier se prépare lentement pour aboutir à une crise qui le termine par une entrée brusque dans des conditions de vie nouvelles (naissance); le second se prépare aussi obscurément pendant les deux premières années de cette vie jusqu'à une crise, celle de l'apparition brusque du moi, qui elle aussi ouvre une ère nouvelle. Celle-ci débute à son tour, par une période prolongée de développement où le moi coexiste avec un état embryonnaire ou enfantin de la raison (*sensu lato*). La fin de cette période pourrait être marquée par les premières affirmations de la personne morale.

[2] Les dernières découvertes relatives à nos ancêtres préhistoriques en montrant un si lent développement du maxillaire inférieur et particulièrement du menton — parallèle à celui de la mobilité de la langue, par conséquent aussi aux progrès du langage — peuvent donner à réfléchir à ce sujet.

[3] Par un développement analogue à celui dont nous pouvons suivre les progrès chez l'enfant après la première affirmation de son moi.

pleine et claire conscience d'elle-même, l'homme aura succédé à l'animal personnel, et ce que nous appelons la liberté humaine, sera le plus bel, en même temps que le plus dangereux apanage de ce nouvel être.

J'ai dit que toute donnée positive nous manquait pour décrire l'animal personnel. Si l'on veut absolument s'en faire quelque idée, on ne peut, encore une fois, y arriver qu'en songeant à ce qui se passe aujourd'hui d'analogue sous nos yeux dans la toute première enfance de l'homme. Celui-ci naît animal, débile, faible et nu ; et, à l'encontre de tous les autres mammifères supérieurs, il est obligé de traverser une enfance hors de proportion avec la leur. Il en est pour son cerveau comme pour l'ensemble de son organisme. L'homme entre dans ce monde avec un cerveau proportionnellement moins avancé dans son développement, que ce n'est le cas pour les animaux ; un cerveau moins prêt à entrer en fonction, mais plus adapté à l'enfance prolongée de l'homme. Ce fait n'implique-t-il pas que le développement du cerveau humain doit davantage s'achever sous la poussée de son activité même ? Le muscle se fortifie et grossit en fonctionnant, de même le cerveau ; mais avec quelque chose de plus cependant, puisque son activité, à chaque instant considéré, est fonction de ce qui a été acquis par son activité antérieure, c'est-à-dire de ce qui a été accumulé et organisé sous des formes qui nous échappent encore totalement, mais qui se manifestent à nous dans ce que nous appelons image, souvenir, idée, jugement, etc.

Ce que nous avons vu plus haut de la formation de zônes d'association dans l'écorce cérébrale, correspondrait à cette phase. Il se crée des centres où s'accumule une réserve d'impressions emmagasinées, combinées, transformées, préparant comme une matière psychique, riche de promesses d'avenir. Le cerveau fonctionne en quelque sorte intérieurement et pour lui-même, et se prépare ainsi à l'action extérieure; tandis que chez les animaux, il y est adapté presque dès la naissance.

Nous avons ici une nouvelle preuve de la tendance à former des individus de plus en plus distincts les uns des autres; car si le développement de l'écorce cérébrale était simplement organique, celles de ses parties qui paraissent les plus élevées dans l'ordre des manifestations psychiques, seraient à peu près identiques chez tous les individus humains; tandis que si elles achèvent de se former pendant l'enfance, elles reçoivent, en raison de ce que l'activité de chaque individu n'est pas identiquement la même, quelque chose d'original et comme une empreinte personnelle et contingente qui les caractérise pour la vie. On dira : cette activité est dépendante du cerveau en tant que déjà constitué, évidemment; mais il y a action et réaction, ce qui assure la continuité et permet la diversité dans cette continuité même. Ce serait une des causes de ce trait si caractéristique de l'infinie diversité des esprits dans l'humanité.

Dans les conditions si exceptionnelles et si spéciales

où l'homme fait aujourd'hui son entrée dans le monde (et que, par analogie, nous sommes obligés, *mutatis mutandis*, de reporter à son origine), il y a déjà une raison très forte pour attribuer à l'animal personnel une part plus grande dans son propre développement que cela n'est le cas pour aucun autre mammifère. Les diverses dispositions qui réclament l'activité propre de l'être pour l'achèvement de son développement post-embryonnaire, devaient être esquissées chez lui, mettant encore une fois en évidence cette poussée de l'évolution vers un être plus indépendant et autonome. En tant que le développement de l'animal personnel nous est représenté par celui de l'enfant, on peut donc dire que, de même que ce dernier n'arrive pas au jour tout achevé, mais parcourt une période prolongée de développement personnel, c'est-à-dire dans lequel il intervient d'une manière d'abord subconsciente, puis de plus en plus consciente, — de même l'humanité a traversé une période que tout nous laisse entrevoir comme très longue, pour acquérir par sa propre activité personnellement déterminée, les caractères qui l'ont mise si fort au-dessus des représentants les plus élevés du règne animal.

Le résultat de ce travail, nous le constatons en observant l'homme aujourd'hui et dans l'histoire. Quant à ce travail lui-même, il semble avoir consisté essentiellement en une personnalisation [1], si je puis

[1] Les travaux de psychologie animale et de psychologie enfantine tendent tous à établir que ce qui sépare le psychique humain du

ainsi parler, de ce qui a été préparé dans et par l'animalité; ou, si l'on veut, en une prise de possession et une détermination par un moi enfantin d'abord des divers éléments du trésor accumulé dans le centre cérébropsychique de l'animal personnel. Ce trésor était probablement beaucoup plus grand que nous ne pouvons nous en faire une idée d'après les animaux actuels, puisque, comme je l'ai déjà fait remarquer, l'animalité a eu des représentants sensiblement plus élevés que ceux que nous pouvons observer autour de nous. D'ailleurs ce trésor n'a pas cessé de s'accroître chez l'animal personnel, puis chez les premiers hommes. Il constitue aujourd'hui ce fonds substantiel dans lequel la vie affective, intellectuelle et morale de l'homme plonge ses racines, et va sans cesse s'alimenter et s'enrichir. C'est probablement ce que les psychologues, sans insister sur son origine et sa nature, désignent par le terme de *subconscient*. On pourrait dire que l'homme est un organisme physiologique et psychologique parfaitement et admirablement monté, qui fonctionne par lui-même et pour lui-même, mais dont le centre, étant devenu conscient comme sujet de lui-même, a pris peu à peu possession pour le faire sien, s'en servir à ses fins personnelles, et par là se donner en quelque sorte un corps spirituel ou per-

psychique animal est bien le fait et le résultat du fait que l'homme peut diriger son attention sur ses propres états psychiques en tant que tels; sa conscience n'est plus extérieure et uniquement pratique comme celle de l'animal, mais elle se comprend elle-même avec tout son contenu, comme objet de son activité.

sonnel, et constituer l'homme de l'histoire en cette singulière dualité qui fait le tourment des philosophes.

C'est par ce travail de personnalisation que l'humanité s'est formée peu à peu au-dessus de l'animalité, comme aujourd'hui encore le fait l'homme dans l'enfant. Faut-il en retrouver les derniers échos dans les plus anciens documents préhistoriques exhumés depuis quelques années, et qui nous révèlent une humanité bien imparfaite encore tant dans ses traits que dans son industrie? Les inductions que nous pouvons tirer de ces vestiges sur l'état mental de ces races préhistoriques inférieures à toutes les races actuelles, se réduisent encore à bien peu de chose. Nous ne sommes pas même assurés que les trois ou quatre races fossiles reconnues actuellement, soient bien dans notre lignée directe, et ne soient pas simplement des rameaux divergents, — pas même à la façon dont les nègres ou les jaunes le sont par rapport aux blancs, mais plutôt comme le sont pour nos connaissances actuelles, les espèces fossiles par rapport à la lignée paléontologique de l'animal personnel. Le seul trait positif, que j'ai déjà eu l'occasion de relever, est celui du développement encore incomplet de la mâchoire inférieure, nous laissant entrevoir un langage bien rudimentaire chez ces contemporains de l'*Elephas antiquus*, et *a fortiori* chez leurs prédécesseurs.

Quoi qu'il en soit de ces questions, notre sagacité ne peut s'exercer encore que sur des données bien vagues, bien rares et bien incomplètes, dès qu'il s'agit des premières phases de l'évolution humaine : données de la préhistoire, récits mythologiques et traditions, analogies des us et coutumes des sauvages et du développement de l'enfant, documents de divers ordres laissés par les anciennes civilisations ou conservés dans les livres sacrés des religions.

Dans ce que nous pouvons tenter de reconstituer de cette enfance de l'humanité, pour ne pas dire de sa genèse, il faut tenir compte de ce fait déjà constaté dans l'animalité, c'est que l'évolution ne s'est pas faite suivant une ligne droite, incessamment progressive et dirigée vers un but précis. Sa direction générale ne se dessine qu'au travers des éléments d'une ligne qui non seulement est brisée, mais qui suit les courbes les plus capricieuses, pleine de points de rebroussement et de déviations souvent de grande amplitude. Sur bien des points cette évolution a été le contrepied, et comme une caricature, de ce que devait être le développement d'une personne vraie ou d'un organisme social propre à favoriser la réalisation de cette personne. Cela ne doit pas surprendre, puisqu'ici la cause perturbatrice n'est plus simplement la spontanéité animale, mais bien la liberté de l'homme.

Les grandes lignes de cette évolution de l'humanité naissante peuvent se résumer dans les observations suivantes, qui suffisent à montrer qu'ici encore le trait dominant est un effort vers l'indépendance et l'affranchissement de la personne, et vers la formation d'un organisme familial et social, dans lequel la personne trouve des conditions de réalisation toujours plus élevées.

On considère généralement que le premier moteur de l'évolution humaine a été la lutte contre la nature. Il ne faut pas en conclure que cette lutte a revêtu nécessairement dès l'abord le caractère tragique qu'on lui attribue volontiers, rien ne nous oblige à supposer que l'humanité a fait ses débuts sur une terre ingrate et infestée d'animaux féroces. Des postulats moraux qui s'imposent, exigent l'inverse; et une fois que nous en sommes réduits sur ces questions à des hypothèses hypothétiques, qu'on me passe le pléonasme, autant vaut les faire conformes et non contraires à ces postulats. Nous reviendrons plus loin sur ce point. Mais même en plaçant l'apparition de l'homme dans quelque contrée fortunée, le besoin de mieux, le besoin d'activité, le besoin d'indépendance et mille mobiles nés des rapports des hommes entre eux, auront mis certains individus en lutte avec la nature, sans parler des animaux sur lesquels les supériorités mentale et manuelle de l'homme, au service l'une de l'autre, devaient bientôt se faire sentir. De là des acquisitions diverses, fixées et transmises par le langage, quelle que fût sa forme primitive, à peine articulée peut-être.

Les armes, les outils, le feu, l'agriculture, les animaux domestiques, etc., sont autant de victoires de l'homme sur la nature, et marquent autant d'étapes à la conquête d'une indépendance plus grande. Cette lutte contre la nature n'a pas pris fin; nos télégraphes et nos chemins de fer en sont la continuation; elle revêt des formes nouvelles; de défensive, elle est devenue conquérante, elle conquiert l'espace et s'affranchit du temps, ces deux grandes formes de résistance de la nature; aussi bien cette lutte ne cessera-t-elle jamais ici-bas.

De pair avec ces victoires, parce qu'il en est à la fois l'instrument et le résultat, a marché le développement de l'intelligence. On pourrait se demander si le développement mental n'a pas précédé et engendré cette lutte victorieuse sur la nature. Tout ce qu'on peut dire, c'est qu'il y a réciprocité, et impossibilité pour nous de préciser. L'animal personnel en se saisissant lui-même comme objet, même obscurément encore, a fait subir une profonde transformation au psychique animal. Le trésor accumulé par l'activité mentale des animaux dans l'organisme cérébropsychique, devient le lieu de phénomènes nouveaux qui se résument dans ce que nous appelons la raison humaine en son sens le plus large. L'animal percevait, l'homme conçoit. Ce développement est lié, nous l'avons vu, à celui du langage, et le double sens du mot grec *logos* reste comme un témoin de ce rapport. Après avoir permis la transformation de l'intelligence animale en intelligence humaine, le langage rend possible une vie sociale féconde, et par elle, la formation de ce trésor merveilleux de connaissances, fruit de l'expérience des générations, et sa transmission lente et incertaine d'abord, tant qu'elle dépend uniquement de la tradition orale, puis rapide et sûre, et comme centuplée, dès que l'écriture vient la fixer, et lui assurer une durée et une invariabilité qui en font un agent unique pour le développement de l'humanité et son affranchissement. L'ignorant reste un esclave ; ce qui ne veut pas dire que le savant soit nécessairement un homme libre, car à côté de la connaissance, il y a un autre domaine de développement plus caractéristique encore de l'humanité, celui que désignent les mots : social, moral, religieux et leurs analogues.

Depuis quelques années ce côté du développement de l'humanité est devenu l'objet de recherches fort intéressantes, et ce n'est que justice, car il caractérise bien davantage l'évolution humaine que ne le fait celui de la connaissance. Celle-ci apparaît plutôt comme un moyen pour celui-là. La science apporte l'indépendance et la puissance extérieure, mais elle reste un instrument qui peut être employé à des fins contraires. Or s'il ressort de l'histoire un trait caractéristique, c'est celui de l'humanité s'élevant lentement à travers les âges, en un édifice social dont les éléments moraux et religieux sont le ciment [1]. La science déblaie le terrain, aplanit les voies, accumule les matériaux et les

[1] Il est de mise dans certains milieux de contester cette affirmation et de dire que la société va être plus solidement édifiée sur l'absence de religion et même de morale. Il n'est pas nécessaire d'être un observateur bien perspicace, il suffit d'un peu d'impartialité, pour voir les signes précurseurs d'une réaction contre ce point de vue superficiel et, en regard de l'évolution, absolument rétrograde.

parç; mais peut-on dire qu'elle entre vraiment elle-même dans l'édifice ?

Cette marche de l'humanité s'accomplit avec une extrême lenteur, et pour autant que nous pouvons en juger par les périodes historiques, elle se fait à travers mille détours et des déviations diverses, mais on peut cependant retrouver les jalons d'une ligne où l'élément que, faute de mieux, j'appellerai *éthique*, tend à prédominer de plus en plus. On peut donc dire qu'à l'évolution des mammifères, dominée par la formation du centre cérébropsychique, succède l'évolution de l'humanité dominée par la formation d'une société de personnes spirituelles[1]. A l'évolution organique, succède l'évolution éthique.

Ici, comme pour ce qui précède, l'animal personnel a transformé tout l'ensemble de sentiments et de rapports qui dans l'animalité manifestait déjà ou préparait seulement cet ordre de phénomènes : association, maternité, attachement, entr'aide, etc. Ce côté de l'activité animale qui relève des fonctions de la génération, a été longtemps méconnu, voilé qu'il était par le rôle exagéré donné à l'idée de la concurrence vitale après les travaux de Darwin; on y revient aujourd'hui, pour lui attribuer un rôle important dans l'évolution. Avec l'humanité, ce facteur altruiste tend à être prépondérant, sous les formes sociales, mora-

[1] Je dis *personnes spirituelles*, malgré le pléonasme, pour bien marquer que le terme *personne* doit être pris ici dans son sens le plus élevé et le plus complet.

les ou religieuses dans lesquelles il se manifeste.

S'appuyant sur l'observation des enfants et des sauvages, on a essayé de remonter aux premières manifestations de ces phénomènes dans l'humanité naissante. Sans aller si loin, l'histoire garde encore la trace de leur développement, quand elle nous montre la tribu ou le clan toujours en armes, faisant place à des groupements divers qui tendent à assurer toujours plus de sécurité et à permettre le développement des forces productrices de la civilisation ; quand elle nous montre le sujet succédant à l'esclave, et le citoyen au sujet, — en attendant mieux ; le droit tendant à remplacer la force ; la loi, le despotisme, etc., en théorie du moins, si ce n'est toujours en fait. Il en est de même, lorsque toutes les forces altruistes que l'amour maternel suscite dans la société par l'intermédiaire de l'enfant, se concentrent dans la fondation de la famille monogame, gardienne et foyer de toutes les puissances qui assurent l'évolution éthique de l'humanité, — puissances qui s'affirment dans le respect de la vie humaine, de la femme, de l'enfant, des faibles, dans le souci des malheureux et des vaincus de la vie, dans ces grands courants de sympathie qui font pendant un instant battre à l'unisson le cœur de tous les peuples civilisés et ressortir cette solidarité qui tend à faire de l'humanité une seule famille. Il n'y a pas jusqu'au domaine religieux où la même tendance morale ne se manifeste, en allant du fétichisme ou de ses congénères à travers tous les olympes dont l'histoire des religions nous retrace la vie éphémère, au monothéisme d'un Dieu purement moral. Depuis l'apparition du Christ en Judée, ce monothéisme fait effort pour se réaliser au sein des religions dites chrétiennes, lesquelles, il faut le reconnaître, sont encore bien loin de cet idéal dans leur forme historique, et ne prêtent que trop le flanc aux attaques dont elles sont l'objet.

Tous ces phénomènes divers nous mettent en présence d'une nouvelle et remarquable étape de l'évolution, laquelle, soit dit en passant, montre combien certaines théories en vogue aujourd'hui dans les milieux dits avancés, sont en contradiction avec elle et constituent à ce point de vue des régressions évidentes. L'évolution éthique reste la caractéristique du développement de l'humanité comme l'évolution psychique l'était de celui des mammifères. Les faits montrent que ce dernier a eu pour fin la formation d'un centre cérébropsychique réunissant les conditions nécessaires à l'apparition de l'animal personnel et à sa transformation en homme ; par analogie, on peut assigner pour fin au premier, la réunion des conditions nécessaires à l'apparition de la personne proprement dite, du sujet entièrement personnel, qui se possède absolument lui-même, avec un organisme transformé en docile instrument de son activité, — d'une personne dans laquelle la conscience est entièrement active et l'activité entièrement consciente, absolument maîtresse d'elle-même.

Où en est l'humanité dans cette évolution?

## CHAPITRE VII

# DISCORDANCE DANS L'ÉVOLUTION HUMAINE

On aura remarqué qu'en retraçant rapidement les grandes lignes de l'évolution de l'humanité, nous n'avons guère relevé que les traits relatifs au développement des manifestations extérieures de l'activité humaine, ou au développement de tout ce que cette activité dirigée sur son propre organisme y a produit de transformations inédites d'ordre psychique, intellectuel ou moral; mais qu'il n'a pas été question de l'action de cette activité dirigée sur elle-même, du développement du moi lui-même. C'est qu'en effet il ne peut y avoir d'hésitation sur le sens et la grandeur de l'évolution accomplie dans les manifestations extérieures de l'activité humaine; les progrès de l'industrie, des arts ou des sciences, en sont un témoignage trop éloquent. Il en est de même au point de vue de la transformation des éléments psychiques de l'animal personnel, le sens et la grandeur de l'évolution y est tout aussi nettement indiqué, et le chemin parcouru par l'humanité est en quelque sorte incommensurable; mais au point de vue du développement du moi lui-même, les choses ne se présentent plus avec la même évidence. L'activité du moi, origine de toutes les transformations qui précèdent, s'est évidemment accrue par son exercice même, excitée et multipliée par tous les moyens d'action qu'elle se créait à son usage ; mais, à y regarder de près, il semble que cette activité se soit plutôt portée à la périphérie qu'au centre du moi et sur le moi lui-même ; en sorte que le développement de ce dernier ne paraît pas avoir marché de pair avec tous les autres développements de l'animal personnel et de l'homme à ses débuts. Or rien ne peut remplacer la maîtrise de soi, qui paraissait caractériser la direction de la ligne principale de l'évolution des mammifères. L'homme peut être maître de la nature, sans l'être de lui-même; il peut constituer des sociétés fondées sur la liberté et la justice, sans être libre dans son for intérieur; il peut s'absorber dans les plus hautes spéculations sur l'amour de l'humanité, sur le devoir, sur la divinité, et rester dans sa vie intime parfaitement étranger aux données morales les plus élémentaires.

On pourrait conclure de ces observations, faciles à multiplier, que l'animal personnel a été engagé dans un double développement pour passer de son état à celui d'homme. D'un côté le travail de personnalisation de tout le système psychique donné et acquis, et de tout ce qu'a pu produire de merveilles cette transformation, lorsque ses deux auxiliaires naturels, la langue et la main, la secondaient dans les conditions sociales qu'ils rendaient possibles ; de l'autre l'acquisition de la maîtrise du moi, non seulement sur tout cet organisme transfiguré, mais du moi sur lui-même.

A voir vivre la grande majorité des hommes, dans le passé comme aujourd'hui, il semble évident que ces deux développements ont dû être à l'origine relativement indépendants l'un de l'autre, et qu'ils ont suivi des marches fort différentes au cours de l'évolution humaine. C'est ce qui expliquerait comment, selon le point de vue auquel on se place, on peut parler avec une égale vérité, soit du développement inouï et magnifique de l'humanité, soit du peu de progrès que l'homme en lui-même paraît avoir fait depuis les temps antiques.

Loin de donner l'impression qu'ils sont leurs propres maîtres, la plupart des hommes donnent plutôt celle *d'être fait agir*. Ils le sont par des associations psychiques naturelles et par des associations dues à une action bien positive du moi, mais que ce dernier semble, après les avoir mises en branle, avoir laissées se constituer pour elles-mêmes, et comme en dehors de son rayon d'action immédiat ; si bien que le moi paraît être devenu comme l'esclave des produits de sa propre activité fixée dans son organisme psychique. Aussi malgré tous les merveilleux développements de son intelligence, de ses sentiments, de son activité, l'homme ne paraît pas, dans son ensemble, et à ce point de vue, avoir beaucoup dépassé le stade de l'animalité, celui qui est caractérisé par la prédominance de l'automatisme psychique sur l'activité proprement volontaire et consciente, toujours voulue et *approuvée* par le moi. — Cela dit, quelle que soit l'idée qu'on se fait de ce que nous appelons volonté ; car du moment que dans la pratique, nous distinguons automatisme et volonté par certains caractères précis, il faudrait encore expliquer ceux-ci pour ramener entièrement la volonté à un automatisme comme quelques-uns essaient de le faire.

Tout semble donc s'être passé comme si l'activité du moi, au lieu de s'élever à la maîtrise de soi, avait été l'origine d'une nouvelle forme d'automatisme très supérieure évidemment à celle que nous voyons chez l'animal, mais enfin du même ordre, et qui explique en partie les tentatives auxquelles je viens de faire allusion ; dans tous les cas cet automatisme est l'opposé de la maîtrise de soi, vers l'épanouissement de laquelle semblait dirigée la ligne maîtresse de l'évolution.

L'animal supérieur tendait incessamment à s'élever au-dessus de lui-même comme pour prendre conscience de soi, mais retombait aussitôt sous la puissance de l'automatisme organisé qui dominait son activité, et dont les mailles serrées ne laissaient passer que çà et là des actes pouvant être appelés intelligents et volontaires, c'est-à-dire introduisant quelque chose de nouveau dans le *donné immédiat*. Chez l'homme les actes intelligents et volontaires dominent; mais il semble que cette tendance à prendre conscience de soi, après s'être réalisée dans l'affirmation qui crée l'animal personnel, ne s'y soit pas épuisée et reparaisse dans de nouveaux systèmes psychiques [1]. Ceux-ci, en dehors de cas pathologiques assez exceptionnels et sur lesquels nous ne sommes pas encore fixés, s'arrêtent au seuil de la conscience de soi, sans arriver à s'individualiser assez pour aboutir à un moi semblable au premier. Ils se précisent cependant assez pour former des centres psychiques secondaires, analogues très probablement à celui des animaux et qui se manifestent par des automatismes particuliers et obligent l'homme à lutter contre eux pour conserver son autonomie et son unité.

Une vraie maîtrise de soi consisterait donc pour l'homme à dominer à chaque instant, et dans la pleine lumière de la conscience de soi, les systèmes psychiques qu'il tient de son organisme animal aussi bien que ceux qui dérivent de son activité même d'homme. Le moi humain doit les tenir constamment en main, si l'on ose ainsi parler, pour les empêcher de devenir autonomes et les employer à ses propres fins, et pour cela il doit désagréger ceux qui leur sont contraires, favoriser ceux qui leur sont utiles, constituer ceux dont il

[1] L'observation psychologique et pathologique met en évidence cette tendance à l'apparition de centres psychiques conscients dans les phénomènes de double personnalité.

a besoin ; en un mot se créer ainsi, par une série ininterrompue d'actes spirituels [1], ce que faute de mieux, on peut appeler un organisme spirituel, pleinement en sa possession, dont il puisse à chaque instant et en toutes circonstances faire usage pour être ce qu'il veut être, pour se déterminer ainsi soi-même en tout et pour tout, avec conscience de ce qu'il est et de ce qu'il peut devenir, capable de se vouloir tel et de se créer les moyens d'y arriver.

Il n'est pas nécessaire d'être bien grand clerc pour observer sur les autres et sur soi-même qu'il n'en est pas tout à fait ainsi, que la maîtrise de soi est rare, difficile, et, en tout cas, infiniment en arrière sur le développement général de l'esprit humain et de la civilisation. Si le fait est indéniable, il s'accorde mal avec le caractère progressif nécessaire dont on est toujours enclin à revêtir l'évolution. Aussi laisse-t-on volontiers dans l'ombre ce qui concerne l'action du moi sur lui-même, pour ne considérer que l'extraordinaire développement de l'humanité. Ici l'évolution progressive est évidente, et elle a conduit l'homme à ce stade supérieur, qui ne se réalise encore, il est vrai, que dans les nations civilisées, mais qui manifeste bien une marche vers un plus grand affranchissement des servitudes organiques, intellectuelles ou sociales qui étreignaient l'humanité à ses débuts et l'étreignent encore dans ses parties arriérées.

[1] J'emploie le mot spirituel pour désigner les actes psychologiques accomplis par l'homme en pleine et claire volonté consciente.

Toutefois, si toute cette magnifique évolution peut favoriser l'affranchissement intérieur, elle ne le donne pas ; celui-ci doit procéder de sa voie propre, et il est évident qu'il n'a pas marché de pair avec l'autre. Force nous est donc encore ici, comme pour l'évolution paléontologique, de dégager l'idée d'évolution de ses attaches philosophiques et d'y introduire les éléments contingents impliqués par les faits. On peut juger la chose aisée quand il s'agit de l'évolution humaine ; mais il faut ne pas se payer de mots, il faut donner à cette contingence toute sa valeur, ce qui est beaucoup plus difficile, même pour ceux qui sont partisans de la liberté humaine. Il importe en effet de prendre au sérieux ce que l'apparition d'un sujet qui se pose soi-même a introduit d'extraordinaire dans le monde tel que nous le donne la paléontologie, si les inférences de notre première partie ne sont pas entièrement erronées.

L'être intelligent et autonome qui dit *moi* peut en effet, par définition, exercer une action modificatrice consciente et voulue sur lui-même ; il n'est plus modifié seulement organiquement ou psychiquement par son activité purement spontanée, ainsi que cela avait lieu dans l'animalité, mais il peut par son intelligence se proposer un but pour lui-même, et par sa volonté y atteindre, c'est-à-dire se faire devenir ce qu'il veut ; non pas absolument, c'est évident, mais dans une mesure donnée et très réelle, bien que relative, -- mesure peut-être plus grande que ce que nous croyons en général, en tout cas très suffisante pour orienter son développement propre dans des sens très divers et même contraires.

L'homme à ses débuts, après s'être affirmé comme sujet, et par là être sorti de l'animalité, avait donc comme tel à orienter son propre développement intérieur. A en juger rétrospectivement, il semble, comme nous le disions plus haut, qu'il se soit laissé aller à vivre au gré des activités organiques, psychiques ou de simple spontanéité, dont son corps et son système cérébropsychique étaient le théâtre ; assistant en quelque sorte au développement naturel de son propre organisme personnel, au lieu de le façonner et d'en prendre la direction pour des fins toujours approuvées de lui. Dès lors ce développement s'est fait dans le sens de l'évolution naturelle dans laquelle l'animal personnel comme tel se trouvait déjà engagé. Cette évolution a produit les merveilles de l'esprit humain et de la civilisation, mais en laissant au fond le moi lui-même réduit à un rôle de serviteur, malgré les illusions que l'homme garde volontiers sur sa liberté intérieure, et que lui rend faciles la liberté formelle qui reste l'essence de son moi.

Le caractère de contingence bien évident qu'une discordance si marquée, entre le développement de l'humanité et celui de la maîtrise de soi dans chaque homme, entraîne, soit pour l'activité volontaire de l'homme, soit pour l'évolution elle-même, n'est pas du goût de tout le monde, et vient contrarier plus d'un système. Aussi, pour n'avoir pas à donner à cette discordance toute sa valeur, et pour éluder ses conséquences contingentistes, essaie-t-on de montrer qu'elle n'est qu'une phase, essentiellement transitoire, de l'évolution humaine, phase aussi inévitable que naturelle. L'humanité ne pouvait, en effet, se dégager d'un coup de l'animalité, et mettre au jour, en une fois, toutes les virtualités qu'elle renferme. L'apparition d'un moi a nettement séparé l'homme de la bête, et comme c'est par l'activité de ce moi que l'humanité doit se constituer avec ses caractères propres et atteindre son plein épanouissement, pourquoi dès lors ne pas admettre simplement que le développement de l'esprit humain et de la civilisation est un premier acte qui prépare et rend possible le second, celui du développement de la maîtrise de soi? Avant de juger, attendons la fin de l'évolution!

Cette manière de raisonner est plus spécieuse que bien fondée. Certes l'homme est encore en pleine évolution, en marche vers ce plus grand affranchissement déjà visé dès les premières manifestations de la vie animale. L'observation superficielle de tous les progrès qui jalonnent la route de la civilisation peut donner le change sur le caractère de ces progrès; la plupart sont, en effet, des victoires du moi sur les instincts, sur les passions, sur le caractère, fixés dans tout ce qui ressortit aux mœurs en général, à l'éducation et jusqu'à la simple politesse; mais, au fond, tout cela se meut dans un cercle concentrique à la vie intérieure du moi. Quelque réelles et excellentes que soient ces conquêtes, elles n'atteignent pas nécessairement le for intérieur d'un chacun, cet arrière-fonds qui est, à le bien prendre, dans chaque homme son être vrai ; — non celui qui est là pour les autres et se fait juger par eux, mais celui où il se juge lui-même dans les moments où il se saisit le mieux lui-même. Or, et c'est là ce qu'il ne faut pas perdre de vue, c'est ce centre intime, préparé par l'évolution de l'animal personnel, et qui semblait devoir arriver à une entière autonomie, à une complète maîtrise de soi, que nous devons seul considérer comme renfermant toutes les virtualités qui caractérisent l'*hominité* (si je puis ainsi m'exprimer) en regard de l'animalité. Si l'homme s'est servi de l'admirable instrument dont l'évolution naturelle l'avait doté pour assurer de non moins admirables conquêtes, qui l'ont fait très intelligent, très savant, très puissant, peut-on dire que ces conquêtes, qui l'élèvent infiniment au-dessus de tous les animaux actuels, le séparent d'une manière absolue de l'animalité? Il ne le semble pas, car ce n'est ni l'intelligence, ni la science, ni la civilisation qui empêchent l'homme de rester, dans son for intérieur, l'esclave de son organisme corporel ou psychique ; ce sont là des moyens, des facultés, de merveilleux instruments pour permettre à son autonomie de se développer, de se préciser, d'arriver à ce plein épanouissement qui donne à l'être le pouvoir de prendre pleine et claire conscience de toutes les virtualités supérieures à l'animalité que renferme cette affirmation d'un moi par lequel l'homme à ses débuts a été distingué organiquement de l'animal.

Toutes ces puissances cependant dont l'homme dispose, qu'il crée et qu'il développe, non seulement ne lui donnent pas la vraie maîtrise de soi, mais peuvent être par lui employées à des fins contraires. L'époque où nous vivons ne permet que trop d'en faire la triste constatation. Voyez plutôt cet écrivain dont les ouvrages sont des chefs-d'œuvre de pensée, de sentiment, de puissance.... vous vous informez de l'homme, c'est un père de famille et cependant il a un faux ménage ! Voici un savant dont les découvertes transforment l'industrie.... vous avez affaire à lui et vous trouvez un homme sans moralité. Voilà des orateurs, des artistes, des guerriers, ils entraînent les foules.... regardez de plus près, vous trouverez des hommes à vendre.

Je ne généralise pas ; il suffit de constater que ni la science, ni la puissance, ni l'intelligence n'entraînent nécessairement la maîtrise de soi ; ce sont de simples instruments au service de la personne humaine, et celle-ci peut en faire des usages très divers et opposés, en restant parfaitement indépendante. Et à voir vivre l'humanité actuelle ou passée, à voir les folies de la guerre, les ravages de la débauche, de la haine et de la cruauté, les plaies de l'avarice et de la vénalité, à considérer la traînée de sang, de boue et de larmes que l'humanité laisse derrière elle, — on peut se demander si la plus grande partie de l'humanité, si ce n'est l'humanité entière, n'a pas fait le plus triste usage de cet instrument merveilleux qui devait être au service de la maîtrise de soi, et qui paraît au contraire n'avoir servi qu'à développer sous une forme nouvelle et organiquement plus élevée, ce qui est encore du domaine de la nature et, pour tout dire, de l'animalité ?

Je sais bien qu'il y a la contre-partie, et qu'une traînée lumineuse s'entremêle à la première pour l'honneur de l'humanité ; à le bien prendre même, celle-ci tend à atténuer peu à peu l'ampleur de celle-là et aspire à la faire disparaître. Tout ce qu'il y a de noble et de bon, de dévouement aux autres, de sacrifice au bien, etc., tient une large place dans les annales de l'humanité ; et si on est enclin à l'oublier un peu, cela tient à ce que le bien fait moins de bruit que le mal et surtout ne donne pas un aliment aussi épicé aux chroniqueurs et aux historiens.

Pour pousser plus loin cette analyse, et répondre définitivement à l'objection, il faut faire intervenir un nouvel élément que nous n'avons pas relevé jusqu'ici, et qui a dû se faire jour dès que l'activité du moi eut amené le développement psychique de l'animal personnel à un certain point, celui précisément où il faut remplacer la désignation d'animal personnel par celle d'homme. L'action consciente et voulue du moi sur son organisme et sur lui-même, n'a pas tardé en effet à faire apparaître un sentiment dont nous ne trouvons que de faibles et vacillantes lueurs chez les animaux supérieurs ; c'est le sentiment de responsabilité qui accompagne nécessairement celui de causalité, dans la mesure où l'être a conscience de son activité voulue. Chez les animaux supérieurs, nous ne pouvons reconnaître les manifestations de ce sentiment que dans des circonstances spéciales et où il est toujours identifié avec elles ; il ne semble jamais pouvoir se détacher de la personne qui en est l'objet, pas plus que du fait qui en est l'occasion ; il apparaît et disparaît avec eux. La vérification est facile avec les chiens, à cause de la manière intime dont leur vie est mêlée à la nôtre. Un chien est capable de manifester nettement des sentiments de repentir, mais seulement vis-à-vis de son maître et pour un cas donné. Ce repentir implique un sentiment obscur d'obligation, sans que celle-ci soit perçue en elle-même et devienne jamais indépendante du fait qui la provoque. Il en est autrement, dès que le centre animal est devenu capable d'affirmer la conscience de son activité dans un moi. Celui-ci pouvant se proposer un but à atteindre, non plus seulement hors de lui, comme le centre animal le fait d'une manière obscure, mais en lui-même et clairement, — il en résulte qu'il se sent et se sait cause de ce qu'il fait et devient. Ce sentiment très net introduit l'idée abstraite de responsabilité, dès qu'il y a la moindre discordance entre ce que l'être constate qu'il est devenu et le but qu'il peut s'être proposé à lui-même. A cette idée se mêle le sentiment d'une sorte d'obligation obscure de devenir ce qu'on entrevoit pouvoir être.

Au point de vue de l'évolution, ce sentiment d'abord obscur d'obligation n'est que la simple poussée évolutive perçue dans le monde nouveau que le moi crée dans la nature et au-dessus d'elle. Cette poussée se fait ici sentir sous la forme adaptée au nouvel ordre de choses, comme elle s'est fait sentir sous la forme de besoin plus ou moins nettement perçu dans le monde organique, ou de tendances dans le monde psychique; dans le monde éthique cette poussée prend le nom d'obligation. Elle apparaît quand l'animal personnel prend conscience qu'il doit être son maître, que par conséquent le moi doit commander à l'organisme et non l'inverse. Quand cette conscience est devenue nette, l'animal personnel est transformé en homme.

C'est dans ce domaine spécial de l'obligation que nous avons maintenant à envisager ce que nous disions au sujet de la maîtrise de soi. Nous touchons ici à un point délicat, puisqu'il s'adresse à la vie intime et cachée d'un chacun. L'homme possède et a développé au cours de l'évolution le pouvoir de se déterminer lui-même à ceci ou à cela, avec connaissance de cause et volonté précise et forte; mais a-t-il développé de même le pouvoir de se déterminer soi-même par soi-même pour devenir ce qu'il veut être dans son être intime et seul réel? Qui, lorsqu'il s'interroge sérieusement, peut se rendre le témoignage d'être, toujours et en tout, ce qu'il voudrait être, d'avoir vis-à-vis de soi-même cette autonomie, cette liberté qui lui permet, partout et toujours, de dominer un arrière-fonds de sa nature qui sollicite sa volonté et détermine son activité à contre-fin du jugement même qu'il porte sur ses actes et sur ses intentions ?

On rencontre sans doute des gens satisfaits d'eux-mêmes, mais c'est simplement parce qu'ils suivent leur nature quelle qu'elle soit, le plus souvent inconsciemment, je le veux bien ; ils n'en sont que plus évidemment esclaves — esclaves qui ne sentent pas leurs chaînes, ou esclaves satisfaits de leur esclavage ! Seulement, remarquez-le, instinctivement ce n'est pas dans cette catégorie d'hommes que vous irez chercher les plus nobles et les meilleurs enfants de l'humanité. Ses plus authentiques représentants, l'humanité les a toujours reconnus là où elle a pu surprendre l'écho des luttes morales qui restent le tourment et l'honneur de la conscience humaine ; là où elle a entendu les accents qui font vibrer ce qu'il y a de plus humain dans l'homme, ce quelque chose que l'expérience de l'humanité, sans en distinguer nettement ni la nature, ni les contours, a désigné sous les vocables de voix intérieure, voix de la conscience, sentiment de l'obligation, etc.

Sous cette forme populaire, la discordance du développement de l'homme apparaît clairement dans les échos de cette lutte intérieure de l'homme contre lui-même, dont toutes les littératures sont pleines. La tragédie grecque lui doit ses plus grands chefs-d'œuvre; le vieil Ovide l'a formulée en termes qui sont restés classiques ; Pascal l'a dramatisée dans une page immortelle ; je ne parle pas de l'apôtre Paul et de tous ceux qui l'ont suivi. Partout nous trouvons affirmé ce fait que l'homme n'est pas ce qu'il voudrait et devrait être; que, quand il rentre en lui-même, il se sent intérieurement déchiré. Qu'est-ce à dire, sinon qu'il n'est pas arrivé à être vraiment *lui*, à être son propre maître, à posséder une entière autonomie, une complète maîtrise de soi ; en d'autres termes, qu'il n'a pas entièrement franchi l'étape qui devait séparer à jamais l'*hominité* de l'animalité; il est resté, comme l'animal, esclave de son organisme; organisme très supérieur à coup sûr et psychiquement très élevé, mais enfin organisme qui reste nature.

Est-ce simplement, comme on le disait, la lenteur de l'évolution que trahissent ces accents tragiques, partis de tous les points de l'humanité, accents dont tout homme a bien, une fois au moins, entendu l'écho dans son moi le plus intime, précisément dans les moments où il était le plus en possession de lui-même, le plus indépendant de tout, en un mot le plus soi-même? Ces accents ne trahissent-ils pas au contraire le sentiment obscur d'un arrêt de développement, d'une discordance, d'une régression, d'une déviation, tout, plutôt que celui d'un simple retard dans l'évolution ? Chez les uns, cette déviation se rend évidente dans le vice, où le pouvoir qui devait élever l'homme au-dessus de la brute lui sert à s'abaisser au-dessous d'elle, en lui permettant de faire avec conscience, malignité et perversion, ce que la brute ne faisait qu'inconsciemment et par instinct ; chez d'autres elle se manifeste dans un esclavage de toutes les passions, même les plus abjectes, esclavage dont ils ne craignent pas de se glorifier dans une littérature qui arrive aux honneurs des Académies ; chez d'autres enfin, et je veux croire que c'est la grande majorité, il se traduit par un malaise permanent, pris qu'ils sont entre les deux puissances qui se partagent leur être intérieur, l'une le poussant à la maîtrise de soi, l'autre au laisser aller moral. Selon que l'une ou l'autre l'emporte, c'est la vie terre-à-terre, terne et routinière de la très grande majorité des hommes, ou la vie sur ces sommets où brille la force d'âme des héros, plus grands encore dans les humbles devoirs du sacrifice de soi que dans l'éclat des batailles ; héros de la vertu, du devoir, de la conscience, de la charité. Et l'admiration, comme l'émotion intérieure, que leur exemple fait naître en nous, vient confirmer pour le penseur que c'est bien là qu'il faut aller chercher la direction où l'humanité marcherait dans sa voie normale et se ressaisirait elle-même.

De cette constatation générale de l'état actuel de l'humanité, considérée dans son for intérieur, on peut induire que celle-ci, à ses débuts, n'a pas su se décider pour une des deux voies que l'évolution ouvrait devant elle ; faute de cela, elle est devenue la victime de la puissance naturelle déjà constituée, au lieu d'en devenir le maître par une activité personnelle, toujours approuvée par cette voix intérieure qui semble être celle même de la poussée de l'évolution. L'humanité n'est donc pas aujourd'hui ce qu'elle aurait dû être, ce qu'elle aurait pu être, ce qu'elle voudrait être, quand elle se ressaisit elle-même dans ses meilleurs représentants. Il n'y a donc pas évolution inachevée ou retardée, mais bien évolution déviée.

---

## CHAPITRE VIII

# SENS ET VALEUR DE CETTE DISCORDANCE

Nous avons vu dans le passé de nombreuses déviations de la ligne maîtresse de l'évolution, mais elles avaient leurs raisons d'être, et beaucoup ont pu à leur heure être utiles à l'harmonie de l'ensemble. Il n'en est plus de même, lorsqu'il s'agit de l'humanité; une déviation de la ligne maîtresse de l'évolution naturelle prend une tout autre signification qu'elle ne pouvait l'avoir pour les êtres paléontologiques. Ce n'est plus ici une affaire organique ou tout au plus organopsychique, dont la répercussion peut parfois être fâcheuse, mais qui reste toujours limitée et temporaire. Quand il s'agit de l'homme et de sa maîtrise de soi, la déviation, portant sur l'activité propre du centre autoactif et autonome, devient une altération du facteur même du nouvel ordre de chose. Dès lors les déterminations de ce facteur en subiront le contre-coup et engageront l'évolution de l'homme dans une voie anormale, où l'humanité ne pourra que se débattre contre elle-même, tendant par sa nature même à la maîtrise de soi et restant esclave d'un organisme à la fois naturel et acquis.

Il y a là une situation étrange et contradictoire. Elle peut attrister, mais non surprendre, celui qui prend au sérieux le caractère essentiel de l'homme, ce pouvoir mystérieux de se déterminer soi-même, que le vulgaire appelle la liberté, et qui n'est, au point de vue de l'évolution, que la spontanéité du centre animal devenue consciente de soi. En s'affirmant dans un moi, cette activité consciente de soi — non pas consciente simplement, mais consciente de soi — devient l'arbitre de la marche que suivra l'évolution, non dans le détail qui est déterminé par l'ensemble du donné, mais dans la ligne maîtresse qui dépend maintenant des déterminations propres de ce nouvel acteur, créateur du monde moral[1] qui vient se superposer au monde psychique.

L'observation peut seule *a posteriori* nous indiquer la voie suivie. Nous avons vu que celle-ci est une déviation, marquée objectivement par la discordance que nous constatons entre l'évolution de l'homme si magnifique dans tous les domaines, sauf un, et celle de la maîtrise de soi dans ce qu'il y a de plus intime et de plus personnel, là où il n'est plus possible de donner le change. La poussée de l'évolution naturelle arrivait à sa perfection dans l'animal personnel; de ce stade

[1] Le sens du mot moral se précise ici et dans la suite en fonction d'un sentiment d'obligation impliqué par celui de responsabilité.

l'être devait atteindre un nouvel ordre de perfection, celui de la personne spirituelle. Au lieu de faire ce qu'il fallait pour cela, il s'est laissé dominer par l'organisme qui devait lui servir d'instrument pour son propre achèvement ; en sorte qu'il s'est développé sans but précis, sans cesse ballotté entre son développement propre et celui que lui imposait la puissance qu'il n'avait pas su maîtriser. Les religions ont expliqué cet état étrange et contradictoire par une chute du premier homme. Nous n'avons pas les éléments de fait pour essayer de retracer ce qui s'est passé dans les dernières phases du développement de l'animal personnel et quelles ont été les déterminations qui, en le faisant devenir homme, ont engagé l'évolution de l'humanité dans la voie où nous la trouvons aujourd'hui. Nous pouvons seulement affirmer qu'en amenant le monde animal à s'épanouir dans un être personnel, l'évolution a ouvert la voie à l'accident moral, comme elle l'avait ouverte à l'accident organique et même psychique avec la spontanéité animale. Ce sont les mêmes faits, mais considérés dans des ordres différents.

Qu'on appelle l'accident moral, *chute*, et son résultat *péché*, ou qu'on l'appelle *développement anormal* par rapport à ce qui semble avoir été la poussée bien nette de l'évolution naturelle, peu importe, le fait n'en demeure pas moins : l'humanité n'est pas ce qu'elle voudrait être, ce qu'elle aurait pu être. Quel est celui de ses membres qui est toujours et partout ce qu'il approuve? *Video meliora proboque, deteriora sequor!*

Dans les milieux où cet état anormal est à juste titre pris au sérieux, il est reçu que l'origine évolutive ou animale de l'homme est exclusive de toute chute proprement dite. C'est même la difficulté qui fait repousser l'évolution par de bons esprits. Je crains qu'il n'y ait là une méprise, facile d'ailleurs à expliquer si l'on songe à la manière dont les théories d'évolution sont en général présentées au public et comprises par lui.

Sans parler de celles dont le caractère fataliste est mis en évidence, et qui sont par conséquent, en droit, exclusives d'une tragédie dont la liberté de l'homme fait les frais, considérons seulement les théories d'évolution qui, restant sur un terrain plus ou moins strictement scientifique, n'excluent, au moins en intention, ni le créateur, ni la liberté. Avec des variantes, toutes, jusqu'à ces dernières années, nous montrent l'homme se dégageant lentement, par transitions insensibles, d'une animalité livrée à la plus atroce concurrence vitale, et faisant son apparition sous la forme et avec les mœurs des représentants actuels les plus inférieurs de l'humanité. Dans de pareilles conditions, on peut, en effet, se demander comment l'homme aurait pu échapper à la pression des mauvais instincts qu'il a dû trouver en lui au moment de ses premières déterminations morales.

Mais une pareille conception des choses s'impose-t-elle? J'ai déjà fait remarquer que la concurrence vitale n'épuise pas l'activité des animaux, comme l'avait accrédité une théorie célèbre. La plupart des naturalistes réagissent aujourd'hui contre ce point de vue étroit et incomplet. Il en est de même pour ce qui concerne les transitions insensibles. Il y a autre chose chez les animaux que ce qu'on appelle leurs mauvais instincts ; on aurait dû depuis longtemps remarquer qu'à côté des loups, il y a les agneaux, et ne pas s'inspirer uniquement des premiers pour établir la lignée morale hypothétique de l'homme.

Nous n'avons pour l'heure aucun document à apporter sur les ancêtres les plus immédiats de l'animal personnel et encore moins sur celui-ci ; des inférences seules sont possibles. En l'absence des faits paléontologiques, il est donc plus légitime de fixer les conditions de ces ancêtres d'après les postulats moraux impliqués par le sentiment tout humain de responsabilité, que de s'en référer, sans autre critique, aux tentatives d'explication du mécanisme de l'évolution des espèces, comme on l'a fait, par exemple, avec le darwinisme et sa loi d'airain.

Si donc on prend au sérieux l'état anormal et contradictoire dans lequel se trouve l'humanité, il faut établir, en conformité avec les analogies que nous fournit la connaissance de la nature actuelle et passée, les conditions d'apparition d'un être capable de prendre à un moment donné et sans pression ni d'en haut, ni d'en bas, une détermination de lui-même qui porte tout entière sur son for intérieur, c'est-à-dire qui soit essentiellement morale.

Nous avons indiqué précédemment les conditions psychologiques d'une détermination qui appartienne bien à l'être qui la prend ; il faut maintenant faire un pas de plus et considérer ces conditions sous l'angle moral. L'être, avons-nous dit, doit agir d'après des motifs tirés de soi, de son état psychique tel que l'a constitué son activité antécédente. Une telle condition exclut évidemment toute pression d'en haut, en ce sens que Dieu n'est plus l'auteur de tous les états psychiques qui interviennent dans la décision, comme le veulent toutes les théories qui supposent l'homme créé directement par Dieu et qui font, quoi qu'on en dise, remonter à Dieu la vraie responsabilité du premier acte moral de cet être tombé du ciel sur une terre où tout est nouveau pour lui.

On peut demander seulement si une activité antécédente, en écartant la pression d'en haut, n'entraîne pas par contre-coup une inévitable pression d'en bas ; et cela pour deux raisons. D'abord parce qu'une activité antécédente remontant jusqu'à celle des animaux doit être tarée par toutes les passions mauvaises que nous voyons s'épanouir sans vergogne chez ceux-ci ; ensuite, parce que le pouvoir de se déterminer soi-même ne peut, à l'état naissant, avoir raison d'un organisme déjà déterminé par une activité dont il est la résultante.

Ces deux objections, qu'on considère comme très sérieuses, s'appuient sur deux opinions très généralement répandues, mais qui me paraissent l'une et l'autre le résultat d'*a priori* ou d'observations incomplètes. La première, c'est qu'en dehors de l'homme et en elles-mêmes, les passions animales tombent sous la catégorie morale ; la seconde, c'est que la liberté du premier homme était identique à celle que les philosophes nous attribuent. Commençons par ce dernier point.

On perd très facilement de vue qu'il ne s'agit pas en l'espèce d'un acte de liberté abstrait, mais de la série des premiers actes moraux d'une créature terrestre personnelle, placée dans des conditions extérieures très analogues aux nôtres, mais dans des conditions morales absolument différentes, puisqu'il s'agit de l'origine même de son développement moral. Ses déterminations, vierges en quelque sorte par leur côté moral, ne se rapportent encore qu'à des éléments psychiques plus ou moins enfantins, qui les revêtent d'un caractère de très grande relativité. Sans celle-ci d'ailleurs il ne saurait être question, en cas de chute, de retour possible à la normalité ou de rédemption. Il suffit que cette relativité ne s'abaisse pas au-dessous du point où la causalité de l'être correspond au sentiment de responsabilité qui explique les phénomènes moraux caractéristiques de l'humanité. Cette relativité et cette causalité apparaîtront dans l'occasion probablement très simple et tout ordinaire qui mettra l'être personnel en présence d'une alternative où se trouvera engagée sa volonté morale d'être ce qu'il approuve, où par conséquent un sentiment d'obligation aussi élémentaire qu'on voudra, mais nettement perçu, s'attachera à un acte à l'exclusion d'un autre[1]. S'il se décide en conformité avec ce sentiment d'obligation, il s'affirme comme maître de lui-même, puisqu'il se fait être ce qu'il approuve ; s'il choisit au contraire une attitude qui entraîne une désapprobation dans son for intérieur, il cède à une sollicitation qu'il n'approuve pas, il renonce donc dans une mesure donnée à être son maître et se rend esclave de ce qui exerçait cette sollicitation sur son moi.

De pareilles déterminations, prises à l'état naissant du moi moral, ont une portée toute spéciale ; on ne saurait trop insister sur ce caractère, qui engage, en effet, le moi tout entier. Celui-ci est essentiellement une affirmation de soi-même ; dès qu'il s'affirme vis-à-vis de l'obligation nettement perçue, bien qu'élémentaire, il prend par cela même une attitude morale qui devient partie de son essence même. Cette attitude pourra être celle de la maîtrise de soi dans une affirmation de soi conforme à ce qu'il approuve, elle pourra être aussi celle du laisser aller vis-à-vis des puissances organiques ou psychiques dont il procède, mais au-dessus desquelles son affirmation de soi devait l'élever comme un maître qui commande.

Toutefois, pour que ces premières affirmations

[1] C'est ce qu'exprime avec un grand sens, bien que dans un cadre physique et psychologique inacceptable, l'auteur du récit de la Genèse, quand il met le premier homme en présence d'une défense matérielle directe et personnelle. L'obéissance confiante est, en effet, l'acte moral par excellence de l'enfant.

morales du moi ne relèvent que du moi lui-même et lui appartiennent bien en propre, il faut, si on veut rester fidèles aux postulats moraux, que les actes antécédents aient conservé un caractère strictement amoral et n'aient d'autre valeur que d'avoir servi à constituer toute une réserve de mobiles et de motifs dans laquelle le moi ira puiser les éléments d'une décision. *A posteriori*, à nous considérer nous-mêmes, une telle réserve se présente comme formée de deux séries d'éléments ; l'une à laquelle l'idée d'obligation s'adapte sans peine, l'autre qui lui reste étrangère ou même contraire ; mais il ne saurait en être ainsi avant toute détermination morale de l'être ; les raisons d'agir accumulées par l'activité personnelle encore amorale de l'animal personnel, restent amorales aussi longtemps qu'elles n'ont pas reçu une valeur morale soit en bien, soit en mal par les déterminations de l'homme.

Il est nécessaire qu'il en ait été ainsi pour que celui-ci ait pu se déterminer lui-même par lui-même, et trouver dans son propre organisme psychique les éléments d'une décision qui, même avec un degré de liberté très relatif, sera bien sienne, puisque les mobiles auxquels il peut faire appel font partie de sa nature psychique et ne recevront de valeur morale que celle qu'il leur donnera sous la pression toute morale et intérieure du sentiment d'obligation nettement perçu relativement à un acte donné.

C'est dans ce fond obscur d'où le sentiment d'obligation se dégage ainsi à propos d'un acte donné, que le théologien peut trouver un lieu pour une influence divine qui ne contraigne pas, mais sollicite seulement l'individu moral. C'est ce que la philosophie populaire a appelé la voix de Dieu, voix qu'on peut écouter ou non, rapporter à Dieu ou aux circonstances, bref, voix qui laisse à l'homme sa responsabilité dans la décision prise. Il y aurait aussi dans cette sorte de sollicitation, bien différente d'une pression d'en haut, les conditions d'un équilibre moral pour le premier homme, et comme un contrepoids possible à ce qu'on pouvait redouter d'excessif dans une pression d'en bas. Ceci nous amène au second point.

C'est parce qu'en voyant vivre les animaux, on ne peut se défendre de considérer les mobiles qui semblent les faire agir, au point de vue de l'homme ou d'une normalité abstraite, qu'on est amené à formuler cette seconde objection en qualifiant leurs actes de bons ou mauvais. Dès lors, on ne peut plus comprendre comment le péché n'a pas été inévitable pour l'homme, lorsqu'on le fait descendre d'animaux dont il a hérité les passions mauvaises.

Remarquez d'abord que si on attribue aux actions des animaux un caractère mauvais en dehors de toute détermination morale, qu'on leur refuse d'ailleurs et à juste titre, on introduit le mal dans l'œuvre du Créateur, telle qu'elle s'est manifestée sur notre terre. Le mal y est de par des raisons métaphysiques ou en tout cas relatives à Dieu, sinon à quelque créature extraterrestre. Dans le premier cas, on porte atteinte à l'idée de Dieu ou on supprime le mal comme tel ; dans le second cas, on reporte la solution du problème dans des régions inaccessibles.

Il est à coup sûr très naturel pour l'homme de reporter aux actions des animaux la qualité morale qu'il attribue aux siennes propres ; mais ce n'est pas une raison pour que cette attribution soit conforme à la vérité. Le seul fait qu'on dénie aux animaux une activité consciente d'elle-même devrait suffire pour ne pas se laisser aller à donner une valeur morale à leurs actions en dehors de l'homme. D'ailleurs une observation attentive des animaux semble bien confirmer ce caractère amoral de leur activité pseudo-morale. J'ai rappelé plus haut les manifestations de repentir qu'on peut observer chez le chien vis-à-vis de son maître ; or il est facile de constater que de pareilles manifestations ne se produisent jamais dans les rapports des chiens entre eux, pas plus quand ils se sont battus avec rage que quand ils se sont joué quelque mauvais tour avec malice. Il n'existe donc pas chez eux, à l'état naturel, cet élément contradictoire, dont le rudiment peut cependant être suscité par leur contact avec l'homme. Chez eux tout est encore spontanéité harmonique au milieu, et par conséquent activité amorale, quels que soient les jugements analogiques que nous puissions porter sur les sentiments qu'ils manifestent.

D'ailleurs, il faut encore remarquer que dans la question qui nous occupe, les actes et les mobiles des actes des animaux qui ont précédé l'homme, et surtout *a fortiori* de ceux qui sont dans sa lignée directe, doivent être considérés dans leur rapport avec la fin prochaine du stade d'évolution où ils se produisaient. Or ce stade est, en l'espèce, celui de la préparation de la possibilité d'une détermination morale; tant que celle-ci n'est pas intervenue, on ne saurait attribuer une valeur morale à des actes dont la seule valeur se mesurait à la part plus ou moins grande qu'ils pouvaient prendre à la préparation du stade suivant, celui de la détermination qui qualifierait des actes moralement.

On peut faire la même observation au sujet de l'organisme cérébropsychique animal transmis à l'homme. On est porté à le considérer tel qu'il se manifeste dans les animaux actuels, comme si ceux-ci représentaient les ancêtres de l'homme ; on y voit dès lors une puissance déjà organisée et trop déterminée par la vie purement animale, pour comprendre comment dans de pareilles conditions l'homme à ses débuts aurait pu arriver en quelque manière à la maîtrise de soi. C'est encore juger des choses d'après l'état actuel donné, comme si celui-ci pouvait représenter exactement le stade d'évolution qui a précédé l'homme, stade qui avait précisément pour caractéristique de préparer dans un organisme cérébropsychique les conditions générales nécessaires à l'apparition du moi, puis d'une détermination vraiment morale de celui-ci. Pour cela doit être exclue toute pression tendant à rendre le bien ou le mal inévitable au moment même du passage des actes de pur libre arbitre de l'animal personnel aux actes de liberté morale naissante de ce même être devenu homme par l'entrée en rapport de ces mêmes actes avec une obligation.

Il ne faut pas en tout ceci perdre de vue que les animaux actuels sont tous sans exception des rameaux très divergents par rapport à la lignée de l'homme; ils ne peuvent dès lors représenter même de très loin l'animal personnel, ni même ses prédécesseurs immédiats. Ce ne sont que les analogies de l'organisme animal, et non tel ou tel animal donné, qui permettent de tracer les grandes lignes de l'hypothèse que réclament les postulats moraux. En attendant que nous ayons été assez heureux, si ce jour doit venir, pour exhumer des fossiles qui se placeraient tout naturellement dans la lignée de l'homme, force nous est bien d'essayer des hypothèses établies avec les données que nous avons.

D'aucuns penseront qu'il vaudrait autant se taire et attendre. Je ne le crois pas, et pour deux raisons. L'une, c'est que l'esprit humain cherchera toujours à se représenter les origines d'après les analogies de ce qu'il connaîtra de la nature; l'autre, c'est que, cela étant, il vaut mieux ne pas laisser construire ces hypothèses inévitables uniquement par ceux qui écartent les postulats moraux, et dont les hypothèses rendent dès lors suspect ce qui fait la dignité de l'homme en regard des animaux, le devoir [1]. C'est pour cela que je

[1] Je ne parle pas du domaine religieux qui subit *a fortiori* le même sort.

fais l'hypothèse de l'animal personnel, dont l'enfant est l'analogue psychique, et qui se place très naturellement entre l'homme et le règne animal.

Si dans le premier usage moral de la liberté qui faisait de l'animal personnel un homme, celui-ci avait affirmé sa maîtrise de soi dans une affirmation du moi en fonction d'une obligation; s'il avait, dans tel cas donné, choisi la voie qu'il se sentait obligé d'approuver, il aurait été s'affranchissant de son organisme psychique et le transformant en un instrument docile toujours mieux approprié à son développement harmonique et normal. Le mal naturel aurait encore gardé le caractère de stimulant et d'avertissement qu'il avait pour les animaux, — peut-être aussi d'épreuve; mais il aurait tendu à s'effacer par défaut d'usage, si l'on peut ainsi dire. Au lieu de cela, il a revêtu le caractère de châtiment, de mal au sens propre, pour l'homme qui s'est laissé déterminer par le donné à l'encontre de l'obligation; il est devenu un mal vrai perçu comme tel par l'homme qui en souffre physiquement et moralement. La chute dont parlent les théologiens, doit être placée tout entière et uniquement dans le domaine propre de l'homme, dans le domaine moral de la maîtrise de soi, de l'obéissance au sentiment d'obligation qui est la loi propre de son évolution, comme le mal naturel était celle de l'évolution animale. La chute revêt donc un caractère essentiellement contingent à son origine, caractère qui disparaît aussitôt dans la répercussion qu'elle a eue sur les fonctions naturelles du centre cérébropsychique dont procède le moral[1]. La spontanéité harmonique au milieu, qui caractérisait l'activité amorale de l'animal, devient cette puissance contradictoire que nous appelons aujourd'hui notre liberté, et qui nous rend responsables d'un état dont elle ne nous permet pas de nous affranchir, qui nous donne l'illusion de la maîtrise de soi et nous laisse esclaves.

L'évolution n'est pas arrêtée, mais elle aboutit à ce fait étrange d'un développement très avancé dans la plupart des domaines de l'activité humaine, et cependant dévié, manqué, altéré même sur le point central, celui qui marquait la ligne maîtresse de l'évolution.

Cette discordance, cette déviation, cette chute est-elle irrémédiable ?

[1] Ce que nous avons vu plus haut du rôle que le mode de formation du centre cérébropsychique de l'animal personnel paraît avoir eu dans la constitution du monde de notre perception, permettrait peut-être de faire entrevoir pourquoi le mal naturel apparaît à juste titre à l'homme comme un mal réel et comme un profond désordre dans la création.

## CHAPITRE IX

# AVENIR DE L'ÉVOLUTION HUMAINE

Il y a un événement dans l'histoire de l'humanité, tenu en médiocre estime par la plupart des évolutionnistes et qui cependant vient jeter sur ce qui précède des clartés inattendues ; tant sur cette situation étrange de l'humanité, que sur ce que nous avons dit être la poussée de l'évolution naturelle.

Un homme a paru en Palestine sous César-Auguste, qui, d'après ce que nous pouvons conclure des documents qui nous racontent sa vie, paraît avoir franchi l'étape entière qui sépare l'animalité de l'*hominité*. Sa vie laisse, en effet, une impression indéfinissable d'harmonie profonde ; il aborde les plus graves questions morales sans que jamais rien chez lui, ni dans ses actes, ni dans ses paroles, ne laisse entrevoir la moindre trace de ce déchirement intérieur si caractéristique des meilleurs représentants de l'humanité. Poursuivi par la haine de ceux dont il dénonce l'hypocrisie, assiégé par les tentations les plus séduisantes de grandeur ou de triomphe, provoqué, harcelé par ses ennemis, en butte aux coups les plus douloureux, ceux qui font rugir la nature humaine et l'exaspèrent, cet homme n'est pas un instant sorti de lui-même, il est resté en pleine possession de soi en toutes circonstances; persécuté, condamné, mis à mort, il a constamment et sans aucune défaillance morale, même momentanée, manifesté la plus absolue maîtrise de soi.

Si ce que ses biographes racontent est exact, (et le tableau est trop inimitable pour n'être pas vrai,) cet homme a réalisé le type vers lequel la poussée de l'évolution dirigeait les transformations du règne animal et que l'humanité semblait appelée à réaliser. On est donc en droit de se demander si cet homme ne serait pas l'homme vrai, l'épanouissement véritable de l'évolution. La tendance que nous avons vu se frayer péniblement un chemin à travers tous les déchets de l'évolution, aboutirait enfin à l'être parfaitement indépendant, autonome, toujours et partout ce qu'il veut être, non pas en donnant le change aux autres, qui ne peuvent lire dans son for intérieur, mais en vérité, et dans une harmonie parfaite avec lui-même.

L'apparition d'un tel homme est étrange à coup sûr. Si encore la ligne de l'évolution humaine s'était dès le début divisée en deux et nous eût permis de suivre un double développement, d'un côté avec pleine maîtrise de soi, de l'autre avec cette pseudo-maîtrise qui caractérise l'humanité actuelle, on verrait dans cet homme l'aboutissement d'une de ces lignes; mais les choses ne se sont pas ainsi passées. Au point de vue de la maîtrise de soi, l'humanité tout entière reste assez homogène; il y a de grandes, d'immenses inégalités de valeur et d'attitude morales, mais chez les meilleurs, en dehors du phénomène dont je vais parler, on retrouve la même disharmonie intérieure, et d'autant plus fortement sentie qu'ils sont meilleurs. L'humanité peut bien offrir une lignée spirituelle qui prépare l'apparition de la vraie maîtrise de soi, mais non la réaliser. L'apparition de cet homme-type au sein de l'humanité telle qu'elle s'est développée, reste malgré tout un mystère pour l'observation. Les chrétiens expliquent ce mystère par une intervention du Créateur; pour un évolutionniste, c'est un phénomène du même ordre que celui de l'apparition du caractère personnel dans l'animalité; si on appelle celui-ci la création de l'homme, on peut appeler celui-là la création de la personne vraiment parfaite et spirituelle. Quoi qu'il en soit de ces manières d'exprimer le fait ou de l'expliquer, celui-ci subsiste : il y a eu au sein de l'humanité historique un homme qui a possédé une complète maîtrise de soi et une harmonie intérieure sans aucune atténuation.

Ce n'est pas tout; cet homme a ouvert une voie nouvelle à l'humanité tout entière, il a appelé les hommes à le suivre sur la route où il s'était engagé lui-même. Sur ses traces, avec lui, par lui, beaucoup ont tenté l'épreuve et ont fait l'expérience de l'affranchissement du dualisme intérieur qui les faisait souffrir; en lui, ils sont arrivés à prendre possession d'eux-mêmes, de leur for intérieur; et ils ont trouvé une preuve certaine qu'ils n'étaient pas victimes d'une illusion, dans l'expérience, chaque jour renouvelée, d'une puissance morale qu'ils ne connaissaient pas auparavant, et dans la conscience toujours plus claire d'une vie nouvelle, où leur être vrai s'épanouissait dans une harmonie inédite avec soi-même. Egoïstes, ils ont manifestement cessé de l'être; débauchés, ils ont remporté la victoire sur leurs sens ou leurs passions, dans la force même de l'âge des passions; buveurs, ils sont devenus tempérants; colères et vindicatifs, ils ont trouvé la force de pardonner sans fierté et sans dédain les plus graves offenses; menteurs, ils sont devenus respectueux de la vérité, même au prix des plus grands sacrifices; tourmentés dans leur conscience et aspirant vainement à une vie plus noble, ils ont trouvé avec la force de s'y élever et de s'y maintenir, l'apaisement qu'ils s'épuisaient à chercher ailleurs.

Des hommes qui ont fait ces expériences, il y en a depuis vingt siècles sous toutes les latitudes, à tous les degrés de culture et de civilisation, dans toutes les races; ils sont là les témoins d'un phénomène à côté duquel la foule passe, que la plupart des philosophes ignorent, mais qui n'en reste pas moins le plus grand fait de l'histoire de l'évolution depuis l'apparition de la conscience personnelle.

Ce phénomène est étrange dans l'humanité, comme l'a été l'apparition de celui auquel il se rattache ; les deux phénomènes sont reliés l'un à l'autre par le lien organique le plus étroit ; il ne s'agit pas, en effet, d'un exemple et de son imitation, ou d'une contagion, ou d'une suggestion. A entendre ceux qui en sont les témoins vivants, nous nous trouverions en présence d'un phénomène spirituel très précis et *sui generis ;* ils affirment, en effet, avec une conviction qu'ils disent expérimentale, qu'ils ont été et sont tous les jours les objets d'une action intérieure, mais supérieure à eux, qui est fonction très nette de leur rapport avec cet homme étrange, toujours personnellement actif.

Quoi qu'on puisse penser de ces affirmations et de cette psychologie, il n'en subsiste pas moins que pour l'observateur, ce phénomène de transformation morale intérieure complète, portant, et c'est là le point essentiel, non seulement sur tel ou tel acte, mais sur la source même des actes, ne se produit nulle part en dehors de tout rapport avec lui, en sorte qu'au point de vue de l'évolution la filiation est évidente.

Depuis l'apparition de Jésus en Palestine, il se forme au milieu de l'humanité, une lignée d'ordre spirituel, c'est-à-dire dont les termes sont engendrés par un acte libre d'individus humains appartenant aux milieux les plus divers ; mais, il faut bien l'ajouter, qui sont à peu près toujours rattachés aux formes historiques du christianisme. On relève volontiers dans certains milieux le mal qu'ont fait les religions qui se réclament du christianisme ; on pourrait avec plus de justice laisser celles-là pour relever dans ce dernier un des facteurs les plus puissants de la civilisation et même de la science moderne. Sans entrer dans une discussion de ce genre, il est difficile de contester en se plaçant uniquement au point de vue historique, que l'avènement du christianisme n'ait été l'origine de la transformation de la société antique, et que, tout compte fait, il ne soit préférable pour la majorité des hommes de vivre à Paris ou à Londres au XX$^{me}$ siècle, qu'à Athènes ou à Rome au I$^{er}$ siècle.

Toutefois ce qui nous intéresse ici, c'est de remarquer le contre-coup qu'a eu dans tout ceci la discordance que nous avons constatée dans l'évolution de l'humanité, entre son magnifique développement général et l'impuissance de chaque homme vis-à-vis de son for intérieur.

Avec le christianisme de nouveaux facteurs sont entrés dans l'évolution générale de l'humanité; ils ont contribué à y produire les merveilles de la civilisation appelée chrétienne, par rapport à celle des Anciens, des Musulmans ou des Jaunes. Ces éléments ont contribué aussi, dans le cadre des Eglises dites chrétiennes, à élever la ligne générale de cette évolution, mais sans arriver cependant à la rattacher vraiment à la ligne maîtresse de l'évolution naturelle. La plupart de ces Eglises ont, en effet, substitué aux conditions spéciales dans lesquelles, depuis Jésus-Christ, peut se produire une vraie maîtrise de soi, des conditions plus conformes aux traditions ou au génie de l'humanité que j'appellerai naturelle. Ces conditions n'ont dès lors produit qu'une pseudo-maîtrise de soi, qui a pu donner le change par ses effets éthiques, mais qui n'entraîne jamais directement, dans la source même des actes ou dans l'attitude du moi vis-à-vis de lui-même, le changement indispensable pour qu'on puisse parler vraiment de maîtrise de soi au sens ci-dessus.

C'est là ce qui explique, et ce qui justifie en partie, les accusations dont les Eglises dites chrétiennes sont l'objet, ainsi que le fait très particulier qu'elles sont souvent devenues les persécutrices de la lignée spirituelle directement rattachée à Jésus de Nazareth. Cette lignée, malgré tout, se poursuit à travers l'histoire, où elle est comme un levain qui arrête le développement sans cesse renaissant d'un paganisme, perfectionné sans doute et tout pénétré d'éléments éthiques nouveaux, mais paganisme tout de même, incapable de surmonter la discordance mortelle qui étreint l'humanité, et de ramener ainsi l'évolution à sa normalité.

Il semble donc que depuis l'apparition de celui qui s'est appelé lui-même le fils de l'homme, l'homme-type, il se produise dans l'humanité un double mouvement d'évolution. D'un côté, la suite de l'évolution que nous avons étudiée plus haut et qui est engagée dans une impasse, puisque l'être qui en est à la fois la cause et le produit, est divisé contre lui-même dans son for intérieur; de l'autre, une évolution nouvelle qui tend à amener à sa perfection le centre autonome et autoactif. Force nous est donc de considérer, en dehors de toute question de proportion, la première évolution comme un rameau divergent, qui pourra se développer encore longtemps et atteindre des degrés plus élevés et plus riches d'évolution, mais sans plus d'avenir que n'en eurent dans le passé toutes les étapes d'évolution divergente. La seconde évolution rentre au contraire dans la ligne maîtresse de l'évolution paléontologique, elle la continue et l'amène à son aboutissement normal dans l'être vraiment spirituel. Avec celui-ci s'achève l'évolution terrestre ; l'être spirituel est, en effet, l'être en qui se réalise parfaitement l'unité de ce qu'il est et de ce qu'il veut être. Il peut y avoir encore progrès pour lui, mais ce progrès n'a plus rien à faire avec une évolution parce qu'il se fait uniquement dans l'ordre spirituel ; il consiste dans un enrichissement du vouloir, toujours suivi par celui de l'être. Mais ceci est une vue anticipée d'un autre domaine, de ce qu'en langage chrétien on appelle le Royaume de Dieu, aboutissement normal de la ligne que nous voyons jalonnée dans l'histoire du développement de la vie sur notre planète, ligne que la liberté humaine avait fait dévier et qu'elle est appelée à rétablir et à parachever.

Il faut remarquer en terminant que, comme l'humanité n'existe que par les individus qui la composent, son avenir comme ensemble reste incertain. Les individus anormalement développés comme personnes, restent susceptibles, dans certaines conditions créées par Jésus-Christ, d'un acte suprême qui peut leur rendre la maîtrise de soi. Le groupe qui se constitue au sein de l'humanité par cet acte moral, le plus élevé que nous puissions actuellement concevoir pour l'homme, peut s'accroître au point d'absorber toute l'humanité, et la ramener ainsi tout entière dans la ligne centrale de l'évolution et à sa perfection spirituelle; mais le contraire peut arriver aussi, et deux humanités subsister enchevêtrées l'une dans l'autre, suivant chacune son propre développement; ici, ceux qui seront restés esclaves dans leur for intérieur, à quelque hauteur de science ou de puissance qu'ils soient arrivés d'ailleurs; là, ceux qui se seront placés dans les conditions où l'homme peut retrouver la maîtrise de soi et parvenir à la pleine possession de soi-même dans la liberté spirituelle que Jésus a montrée au monde.

La fin de l'évolution de l'humanité terrestre relève donc de la liberté humaine. Jusqu'au bout l'évolution reste une doctrine de liberté. Ce mode spécial de création choisi par Dieu, paraît donc essentiellement déterminé par un souci, que d'aucuns trouvent exagéré, de la liberté de la créature. Il n'y a rien là qui doive surprendre les chrétiens, puisque pour eux Dieu crée par amour et que c'est par amour aussi que la créature s'unit au Créateur; or l'amour, comme la sainteté à laquelle Dieu appelle cette créature, n'existe ou n'a de réalité et de valeur que dans la mesure où l'être se possède, où il est maître de lui-même dans son for intérieur, en un mot où il est libre.

C'est aussi parce qu'elle est une doctrine de liberté, que l'évolution telle que je l'ai exposée dans les pages qui précèdent, ne satisfera pas tous mes lecteurs. On me dira : les faits invoqués sont comme tous les faits, susceptibles d'interprétations diverses selon les prémisses avec lesquelles on les aborde; en eux-mêmes ils ne posent que des problèmes de leur ordre ; s'ils en soulèvent de plus généraux, c'est par leur contact avec les idées ou les théories qu'ils heurtent dans nos esprits ; la solution de ces derniers problèmes n'appartiendra jamais directement à la science, ni paléontologique, ni historique, ni psychologique ; celle-ci fournit et fournira encore longtemps des matériaux, à chacun de les mettre en œuvre. C'est précisément ce que j'ai essayé de faire, estimant que les données morales sont, malgré tout, les plus solides de toutes, puisqu'elles dérivent le plus immédiatement de notre conscience de nous-mêmes ; j'ai pensé que c'était à leur lumière qu'il y avait le plus de chances de comprendre le sens des faits observés dans l'évolution de la nature et de l'homme. Les faits auxquels j'ai fait allusion, subsistent ; les problèmes qu'ils soulèvent s'imposent à notre génération ; quant aux explications que j'ai tentées, leur valeur dépend uniquement de la mesure où elles satisfont aux données des problèmes posés. Evidemment l'observation objective ne les fournit qu'en partie, les autres sont d'un ordre où la liberté a sa place, et qui, par conséquent, ne s'imposent à personne.

C'est pourquoi la solution générale proposée ici ne trouvera d'écho que chez ceux qui, libres penseurs ou croyants, voient dans la maîtrise de soi la condition absolue de toute perfection et dans la perfection seule la fin normale de la personne humaine.



---

# TABLE DES MATIÈRES

## PREMIÈRE PARTIE

## L'ÉVOLUTION NATURELLE

Pages



## SECONDE PARTIE

## L'ÉVOLUTION ÉTHIQUE

www.ingramcontent.com/pod-product-compliance
Ingram Content Group UK Ltd.
Pitfield, Milton Keynes, MK11 3LW, UK
UKHW012220240726
13966UKWH00003B/878

9 782012 828926